日本の遺跡15

奥山荘城館遺跡

水澤幸一　著

同成社

奥山荘中条政所条遠景　発掘中の坊城館跡と整備された江上館跡

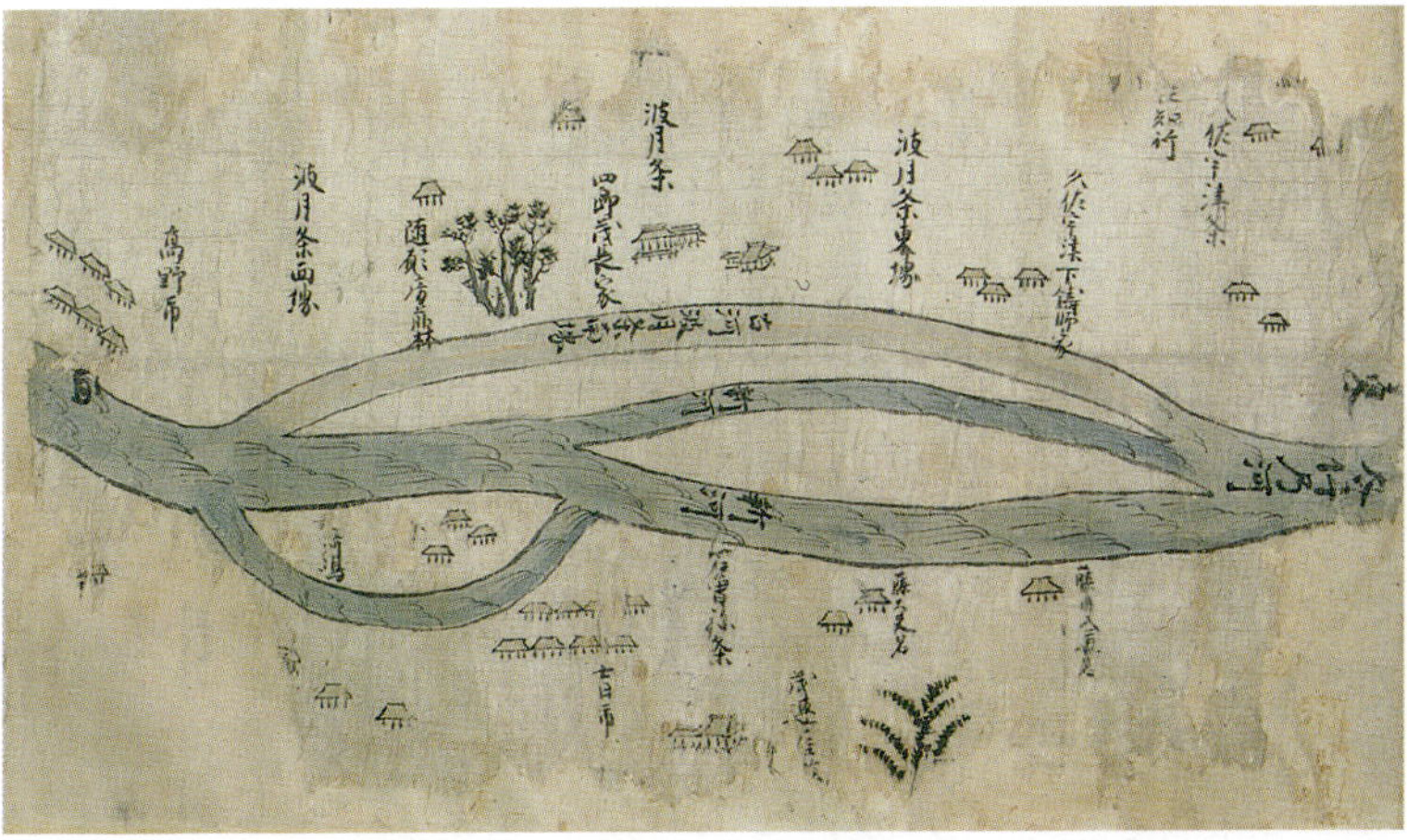

波月条近傍絵図（1300年頃作図）重要文化財：胎内市蔵

坊城館跡の発掘状況

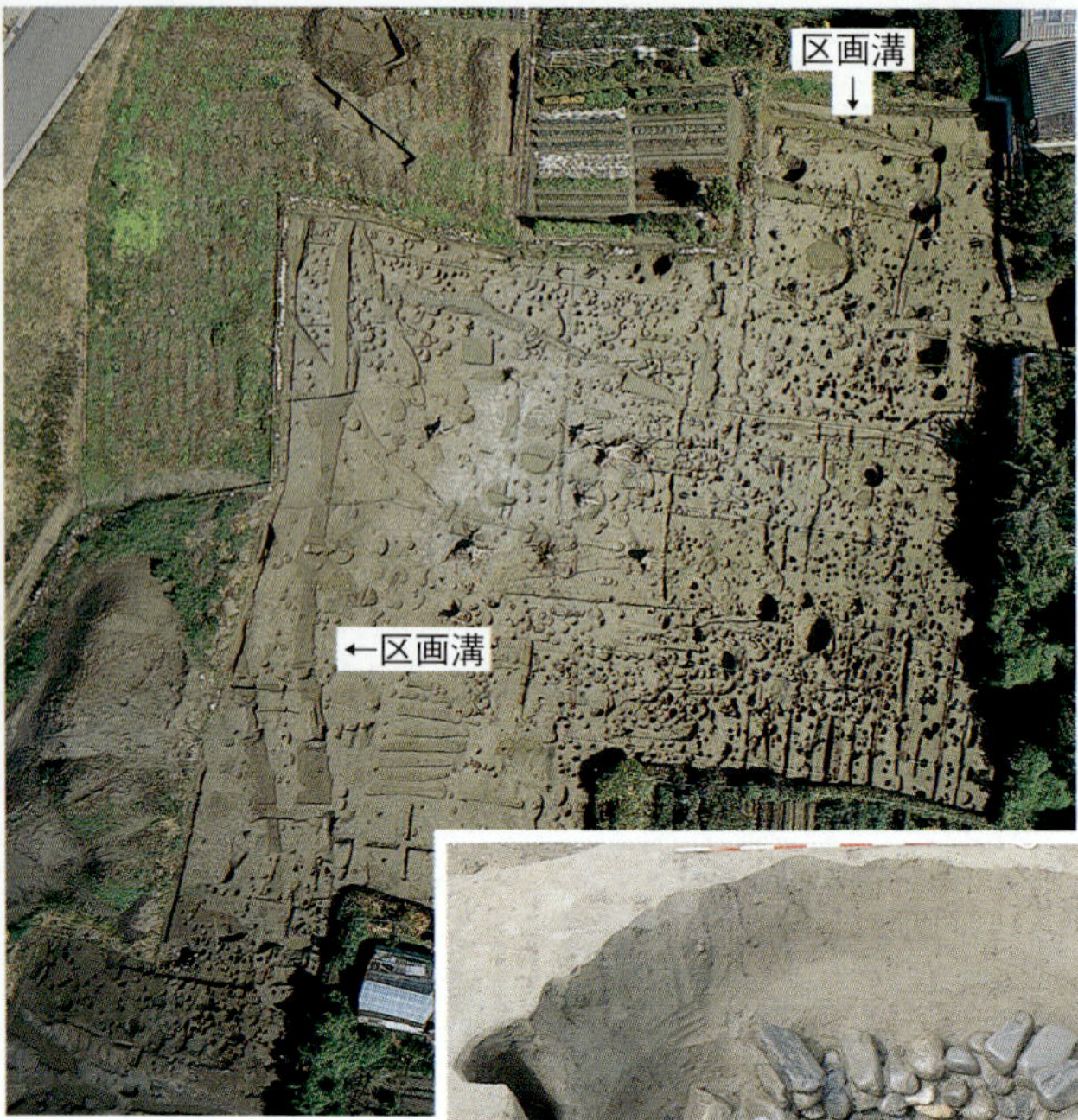

調査状況

下町・坊城遺跡
A地点石組側井戸

A地点皆朱漆器椀
出土状況

江上館跡の発掘・整備状況と出土遺物

整備された江上館跡

青白磁梅瓶
（高38.5cm）

主郭北東土塁断面

鳥坂城跡遠景

古舘館跡全景

目　次

カバー写真　整備された江上館跡
装丁・吉永聖児

奥山荘城館遺跡

I　奥山荘から見えてくる中世日本

『日本の遺跡』シリーズとして、「遺跡の総合的ガイドブック」をめざすということが、本書に課せられた命題である。遺跡はその動かしようのない特性ゆえに、地域に密着したものであり、それが地域の個性として現れている。それはそこに生きる人びとの誇りの拠りどころである。

しかし、ここで主題とする奥山荘城館遺跡は、中世という時代背景のもとに現在に残された遺跡群である。この中世という時代に文献が一定以上存在するからには、それらの史資料群から帰納された歴史像をも総動員して全体を提示しなければならない。そういった意味で本書は、遺跡からの情報だけを提示するものではない。文献学が明らかにしてきた全国的な歴史の流れは、その時代の所産である遺跡に直接・間接に影響を与えており、そこから生み出されたことはいうまでもない。しかし地域性は――当時の社会が、政治経済の中心地である京・鎌倉の動向に大きな影響を受けていることは間違いないが――人それぞれに顔が違うように、地域ごとの顔も異なる。

さらに、すでに言い始められて久しいが、環日本海および東アジア経済圏のなかでの歴史動向や物流経済が、日本列島の隅々にまで影響を与えていたことも明らかである。

とくに船載陶磁器の研究は、中世考古学のなかに大きなウエイトを占めている。この地中・水中からみつかる腐食することがない焼物は、考古学の基本資料でありつづけている。その種類・量などから、われわれは遺跡の性格を考えることが多い。たとえば船載陶磁器を入手しやすい日本海沿岸地域と、そうでない地域では、同じものがもつ意味は当然ながら異なる。しかし、陶磁器以外の将来品の割合を考えると、そのような一面的な現象から全体を推し量ると、実態とはかけ離れた議論になってしまう危険性がある。われわれは、つねにそのことに気を付けながら、出土遺物について考える必要がある。

さらに奥山荘と一口にいっても、その時期は成立期の十一世紀から上杉家にともなって出羽に移った十六世紀末まで、六〇〇年にも及ぶのであり、それらを順次叙述していくことでようやくその歴史が姿を現すことになる。そこに各遺跡地がおのずと関係してくることは、いうまでもない。

1　地理的環境

まず、地理的な景観を押さえることから始めたい。

図1は、一六四七年作製の正保越後国絵図の北半部分である。十七世紀に入っているが、おおよその土地感はつかめると思う。また、本絵図が示す上限は、九世紀代におきたといわれる大地震であり、その後中世を通じて地理的環境にそれほどの変化を考える必要はないものと思われる。

最初に絵図をみて目に付くのは、多くの潟湖の存在である。多くの河川は砂丘に阻まれて直接日

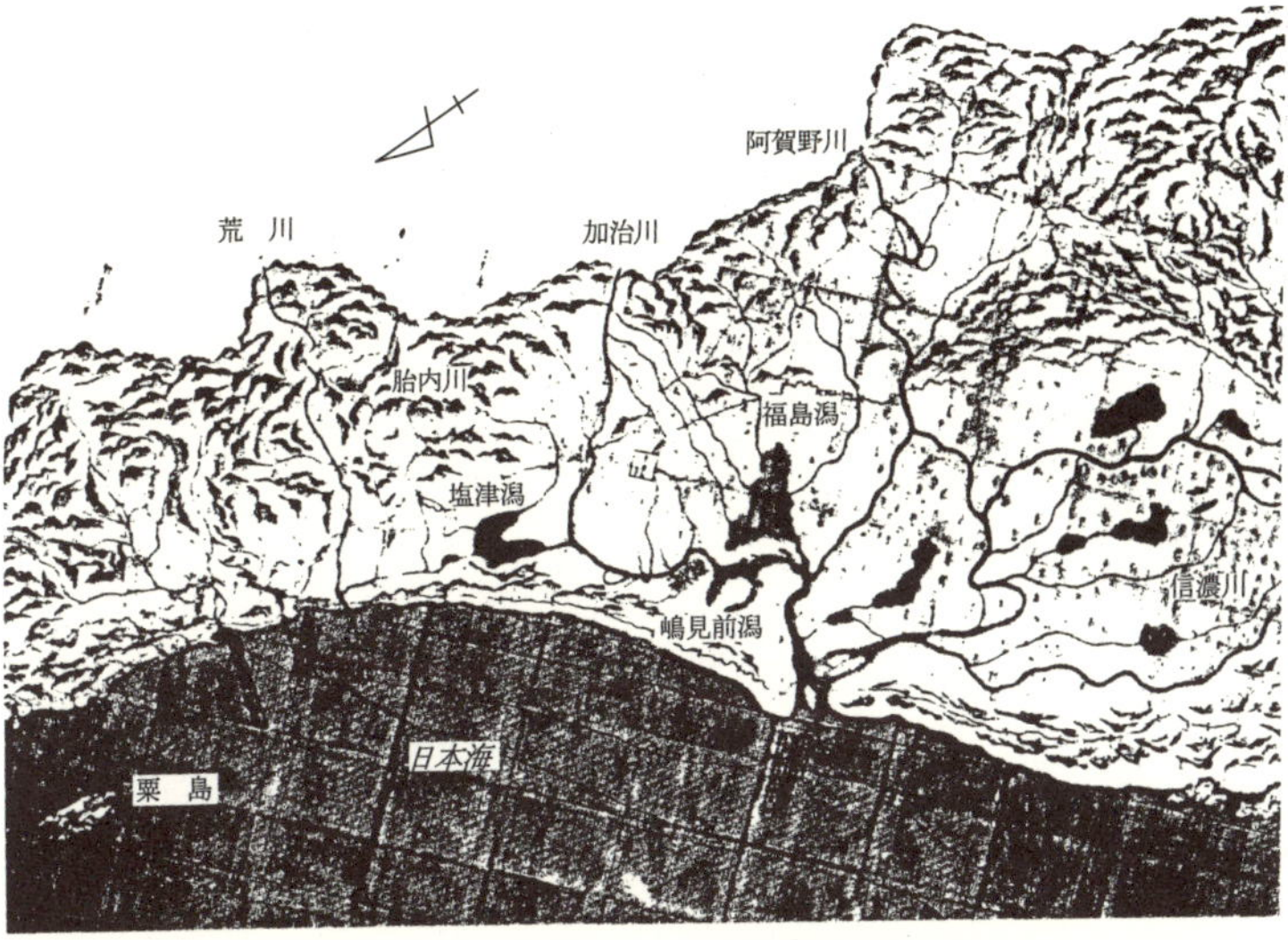

図1　正保越後国絵図（1647、部分、河川名等を加筆）新発田市立図書館蔵

本海へ注ぐことができず、淀みをつくっていたのである。これは、湿地の耕地化に際して排水技術が非常に重要であったことを意味しているが、当時の技術では砂丘を断ち切るという根本的な解決法は実施できず、限界があった。そして本地域においてより重要なことは、河川と潟湖を結ぶ潟街道とでもいうべき内水面交通が第一の交通手段として想定されるということである。とくに物資の運搬に際しては、ほとんどが水運を利用していると考えられ、潟はその物資が集散するターミナルであった。

　次いで奥山荘であるが、荘域を南北に二分する胎内川があり、北方は荒川で外洋に達するが、南方は五〇キロほど内水面を下ってようやく河口に達する。北方の荒川には大きな湊がないことから、多くの物資は信濃川・阿賀野川が合流し外洋にでる地点に築かれた沼垂湊・蒲原津・新潟津を経由したと考えられる。

ところで現在の胎内市に立つと、そこに「奥山」の名称はそぐわない。その名は、北方の荒川に合流する女川上流の奥山に由来するという。実に奥山荘は、現在の胎内市を中心に、北方の関川村・荒川町、南方の新発田市の一部を含んだ広大な地域を占めていたのである。

奥山荘の地形は、鳥坂城跡を有する櫛形山脈が北東から南西へと連なり、その西側には山脈の北方を北西へと流れる胎内川や舟戸川等によって形成された扇状地が広がっている。海岸線は単調であり、それに沿って北蒲原砂丘列・乙砂丘列がみられる。そして一八八八（明治二十一）年に胎内川の開鑿が行われるまでは、この砂丘列に川が遮られるために、現在の平野部（低位面）は大部分が湿地帯であったと考えられる。

そして中世奥山荘の景観を考えるうえでみのがせない点は、塩津潟（近世後期には紫雲寺潟）の存在である。この潟端は、地図上にも明瞭に痕跡を残しており、江戸時代に干拓されるまで存在していた。

潟は物産流通の重要な幹線であったと考えられ、北方の岩船津↕荒川↕胎内川↕塩津潟↕沼垂津という航路が想定される。塩津潟は、分水嶺である胎内川を挟んで、新潟からみて最上流のターミナル基地という位置づけが与えられるのである。おそらくこの点が、奥山荘の存立基盤であり、それが同様の立地をもつ福島潟の白河荘とともに摂関家領荘園として立てられた理由と考えられる。

しかし先に述べたように、事あらばすぐに水害をひき起こす土地柄でもあったので、現在の沃野はとうていのぞむべくもなく、ことに中世前期の奥山荘に関しては、ほとんど調査が及んでいない櫛形山脈と飯豊山系に挟まれた谷間の狭少な平野部にも目を向ける必要がある。

それにもかかわらず、新たに入部してきた地頭の館跡が櫛形山脈の西側に偏在していることと考えあわせると、彼らが何を求めていたかがわかってくる。彼らが求めたのは、流通の把握であったのだ。

なお、中世の遺跡は、近年の各種開発事業にともなって、平野部でもかなりの密度で確認されてきている。これらには、古墳時代以降の遺跡が重複して確認されることが多く、流通体系および耕地開発において、同様の立地を占めつづけていることがわかる。ただし、時期的に連続していないものが多く、居住可能域が不安定であったことも事実である。この意味で後述する政所条遺跡群は、十一世紀〜十六世紀まで連綿と生活痕跡がつづいており、特異な存在である。

2　奥山荘研究略史

奥山荘には、関連する多数の中世文書が残されており、著名な荘園絵図が存在することから、中世史学会では早くから注目されてきた。そこでまず、奥山荘の研究史を簡略にまとめて、現状を把握しておきたい。

戦前では、斎藤秀平による『縣史蹟名勝天然記念物調査報告』への鳥坂城・江上館・黒川館の紹介があり、関連文書が採録されている。

戦後は、早くも一九五四（昭和二十九）年に國學院大学の小出義治を招請し、韋駄天山中世墳墓の発掘調査が実施された。多くの石塔類や骨・骨壺等が出土したが、諸般の事情により報告書が刊行されなかったことは残念であった。

次いで一九六二（昭和三十七）年には、新潟県教育委員会によって「旧奥山庄地域学術調査」が実施され、新潟大学の井上鋭夫を首班とする編集委員によって奥山荘関係の文書類が『奥山庄史料集』として結実した。以後、奥山荘の歴史研究において本史料集の果たした役割は非常に大きく、研究の基を築いたと評価できる。その後、文献史料は、井上の遺鉢を継いだ中野豈任・金子達・阿部洋輔らによって『中条町史』資料編第一巻および『新潟県史』資料編四に集成され、さらに広く知られるところとなっている。

ここで奥山荘に関する膨大な研究を逐一紹介することは煩瑣になるため避けるが、上の成果を基にして、羽賀徳彦・阿部洋輔・田村裕・服部英雄・黒田英雄・中野豈任・青山宏夫らによる惣領制や領有関係、荘園絵図、荘保境、信仰などに関する研究が行われ、奥山荘を舞台にした多様な世界が描き出されていったのである。

なお、件の学術調査では、三浦和田一族の惣領である中条家の居館と伝えられてきた江上館跡の発掘調査が、学習院大学の奥田直栄を招請して一九六二・一九六三（昭和三十七・三十八）年の両夏に実施された。調査は、上の韋駄天山遺跡とあわせて越後における中世遺跡調査の草分けと評価される。このうち、江上館跡は、鳥坂城跡などとともに一九八四（昭和五十九）年に史跡「奥山荘城館遺跡」として指定され、その後韋駄天山遺跡も一九九四（平成六）年に奥山荘内の黒川村・加治川村（当時）の遺跡とともに追加指定となっている。

しかしその後、遺跡調査はいったん停滞したが、分布調査報告書（一九八〇年）および町史編纂事業（第一巻、一九八二年）において、平成以前の考古資料について胎内市出身で県教委の戸根与八郎が、城館については伊藤正一、石造物については小野田政雄がまとめ、基礎資料となった。そして発掘調査が本格的に展開するのは、平成に入った九〇年代以後のことである。

これに関しては、後に述べる江上館跡とともに西〜南方の下町・坊城遺跡の調査成果が特筆され、館の周辺の様相が明らかとなってきている。さらに奥山荘北条領主の黒川家関連遺跡でも調査が実施され、徐々に資料が蓄積されてきている状況にある。

しかし何といっても永年郷土の歴史研究に精根を傾け、中条町史編纂事業を遂行してきた高橋亀司郎の果たしてきた役割は、非常に大きく、生き字引的なその存在は奥山荘を訪れた各研究者に大きな影響を与えてきたといえる。

そしてさいわいにこのようなすばらしいフィールドを得た筆者も、諸先学に学びつつ、文物両面から奥山荘の往時に近づいていきたいと日々努めているところである。地元からの情報発信源としては、発掘調査の成果、石造物をはじめとする各種信仰遺物の在り方、遺跡の分布状況、地籍図や古地図類からみた水系や旧道の復原、地名や伝承の採録などが考えられよう。これらについては、一九九八（平成十）年および二〇〇三（平成十五）年にその時点での到達状況をまとめたことがあるので、興味のある方はご参照願いたい。今回は、それをそのまま再録することはせず、それらを基にしてもう少し広い観点から奥山荘にせまっていきたいと思う。

最後に、二〇〇四（平成十六）年には、懸案であった『中条町史通史編』が刊行され、こと地形・地質、文献史学に関して最新の成果が収められているので、ぜひともご参照願いたい。

II　奥山荘前史

1　古墳期

まず、本地域の中世の起点として、城の山古墳（図2）をあげたい。この古墳は、塩津のすぐ北方の沖積地に築かれており、東西四一・六メートル、南北三四メートル以上の円墳で、高さは周辺の田より五メートルを測る。さらに幅四メートル以上の堀がめぐるものと思われるが未定。本古墳は、二〇〇五（平成十七）年の発掘調査の結果、前期古墳であることが判明し、ヤマトの王権が塩津潟に達した記念碑的築造物であることがわかった。この平野部に屹立したランドマークは、現状では日本海沿岸で最北の前期古墳であり、阿賀野川以北では唯一の存在である。本地域より北に古墳を築くことはなく、阿賀野川をさかのぼって会津~置賜方面へと伸張していく。後世の岩船柵等の設置を勘案すると、後に一方的に蝦夷とよばれることになる人びとが、その体制を受け入れなかったと考えたいところである。

なお、立地が扇端の湿地帯であることは、当初からの勢力基盤が水運を支配することにあったも

図2　城の山古墳

のと思われる。しかし古墳築造を可能とした集団がどこに住んでいたかは長らく不明瞭であったが、近年の発掘調査によって、徐々に明らかになってきている。

まず前期段階では、古墳の東方に接する大塚遺跡、西方の天野遺跡があり、南方一キロの船戸川崎遺跡、西方一キロの土居下遺跡、北西一・五キロの西川内南遺跡、北方二キロの反貫目遺跡、さらに潟の対岸二・五キロの砂丘際に弥生からつづく四ツ持遺跡がある。これらの遺跡の細かい年代観からみると、砂丘地からだんだんと山側へと遺跡が広がっているようにみえる。

奇しくも、同じく二〇〇五（平成十七）年、城の山古墳東方二〇〇メートルの大塚遺跡の東端近くで、墳径二六メートルほどの円墳である籠ホロキ山古墳が確認された。その結果、城の山古墳が単独で存在していたのではないことが判明したことは、大きな成果であった。

中期段階では、古墳の西方にある前期からつづく天野遺跡が最も大きな集落で、北東二・五キロの下名倉遺跡や上述の反貫目遺跡およびさらに北方の六斗蒔遺跡でも遺物の出土がみられる。

そして後期段階では、古墳北東五〇〇メートルの屋敷遺跡と北方六〇〇メートルの野付遺跡が大規模な集落で、南東一・五キロの船戸桜田遺跡からもまとまった遺物が出土している。

このようにみてくると、一貫して城の山古墳の周辺に遺跡が集中している様子がわかる。したがって、大化前代の本地域の開発は、城の山古墳近辺を中核として展開されていったと考えられよう。

2　律令期

次いで、律令期である。塩津潟の周辺地域においては、木簡を出土する官衙的な遺跡が多数みつかっている。北の岩船郡から山際の陸路を南に下ると、潟から遡上して山際にいたる川沿いの地点に蔵ノ坪遺跡および船戸桜田遺跡があり、そこにあった川津で水運に乗り換えることになる。陸路は、そこから旧国道七号線が通っていた小国谷沢沿いの山間へとつづき、奥山荘南端の金山方面へと抜ける。

そして川津から船で下れば、沼垂城もしくは蒲原津までは容易に行き着けるのであり、遺跡群はそのような立地を占めている。また、反対に陸路で北上してきた場合は、谷間から平野部に視界が開けたその場所に「津」が設けられていたということにもなり、陸水交通の要となっていたものと思われる。

この蔵ノ坪遺跡では、「津」墨書土器、「少目御館米」木簡が出土し、国衙に関連する遺跡と考えられている。

またその西方に位置する船戸桜田遺跡は、八～九世紀を通じて官衙的な性格を有しており、蔵ノ坪遺跡と密接な関係にあったことはいうまでもなく、蔵ノ坪遺跡が津であった九世紀後半の一時期を除いて一貫してその機能を有していたと考えられる。それは、郷名木簡等の荷札類、「御門政所」から宿直を命じた符木簡、人面墨書土器や船形といった律令祭祀遺物群、なにより官で使用された大量の木製盤類がそれを物語っている。この遺跡群は、潟をさかのぼった立地からみて、「健児」木簡から国衙関連遺跡とされた福島潟における発久遺跡に比肩され、その下流の船戸川崎遺跡や、対岸の砂丘際の中倉遺跡などは、同じく福島潟における曽根遺跡を彷彿とさせるものである。

このような類似性から、本遺跡群が国衙に関連するものとすると、どのような性格が与えられるであろうか。ここでは職員令大国条に記された国守の職掌のなかから「郵駅」「伝馬」に注目したい。船戸桜田・蔵ノ坪遺跡では、石川県加茂遺跡との類似が指摘されており、草野遺跡や船戸川崎遺跡からは壺鐙や鞍橋といった馬具の出土も認められた。壺鐙は、三嶋郡の箕輪遺跡からも出土しているが、この遺跡は「駅家村」木簡から三嶋駅に関連するものとされている。もちろん各遺跡は、地理的にやや離れているが、総体として「郵駅」「伝馬」としての駅家の機能を果たしていたと考えたいところである。

そのような国制上の位置づけは、沼垂柵（城）と岩船柵を結ぶ中間地点に位置するということが最大の理由であろう。本遺跡群は沼垂郡の最上流に位置しており、物資の集積・発着地点といった性格を有していることから、そのような結節点に律令国家が目を付けて拠点を設けたものと考えられる。これは、前代の古墳の占地をも説明していよう。このような水運を重視した遺跡の立地ゆえに、川の流路の変動にともなって官衙群も転々と移動した結果、官衙的な遺跡が点々とみつかっていると解釈したい。また、木簡に物資の搬出入関係のものが多く認められることも、その維持のために物資が頻繁にもち込まれたことを意味している。なお、本遺跡群出土木簡に秋田城出土の木簡との類似が認められることは、官衙群の機能を考

図3　船戸桜田遺跡出土人面墨書土器

えるにあたって興味深いところである。

なお、秋田城に共通するのは木簡の内容ばかりではなく、船戸桜田遺跡における人面墨書土器の出土においてもみることができる。近年平川南は、人面墨書土器の出土を追って、伊豆～多賀城へという太平洋沿岸の海上伝播ルートを想定した。これを日本海沿岸にあてはめると、加賀～越中～越後～出羽庄内～出羽秋田城というルートが想定される。越中では、郡単位で人面墨書土器をだす遺跡が一カ所ずつみつかっており、加賀・越後でもその可能性があろう。これは、律令国家の理念がかなりの程度実践された北陸地域の特色を如実に表している。このように人面墨書土器をとらえてくると、県内で他に唯一の出土遺跡である緒立遺跡は、国津である蒲原津あるいは沼垂城に関係するものと考えられる。すると、船戸桜田遺跡は人面墨書土器の出土から、岩船柵の後身施設に関連する祭祀場とも考えられ、ますます「御門」の存在が大きくクローズアップされてくるところである。

このように同時期に存在する遺跡群は、総体として理解しなければならないし、それはとくに潟に集結する水運でつながれている本地域においてはなおさら強調される。

また遺跡群を時間軸にのせると、草野・屋敷遺跡がやや古くから成立した官衙的な遺跡であるが、八世紀後半に入る頃から遺跡群全体の質的向上がみられ、それがピークに達するのが九世紀中葉を前後する時期である。これは先にふれた挽物

図 4　兵衛遺跡出土続縄紋土器

製品の多様化の時期とも一致しており、北陸では一群一窯的体制が変質を迎える時期である。そして越後国北辺においては、この段階以降遺跡内容が充実し、本地域が律令国家にとって非常に重要視されてくる時期でもある。それが国家的な移住政策によるものであったか、各種政策が成功したゆえの人口増加であったかは定かではないが、墨書土器にみえる「三宅」や「守部」といった在地の富豪層の存在や、国司の一員である「少目」がかかわっていることから、この時期にはかなりの入植者が存在していたことが想定される。

なお近年、平川南は、屋敷遺跡出土「山家」木簡をおもな根拠として、本地域が古代の岩船郡山家郷に含まれるという見解を示している。その後、築地館東遺跡からも「山家」木簡が出土するに及び、蓋然性が高まってきたように思われる。

また、本遺跡群においては、檜製曲物や壺鐙などに畿内を中心とした石川以西からもち込まれたものが多数認められた。さらに杉材の曲物についても年輪年代のパターンが東北のものとあまり一致せず、かえって畿内のパターンにのってくるという分析結果は、それらの多くが国司の越後赴任にあたってもち込まれ、当地で消費されたことを意味するものと思われる。ここから木工技術も須恵器生産・鉄生産などと同じく、郡内に根付かせることに成功したとはいえず、一郡一窯的生産システムをめざした律令的古代世界の理想は挫折することとなった。

そして国家が直接地方を把握する努力を放棄し、土地に対する課役へ転回せざるをえず、国司に権限を委譲する時期である九世紀後半から十世紀初頭にかけて、新たな段階へと移行する。この国制をおおむね王朝国家体制とよんでいるが、この概念自体が中世研究者側から提出されたものであり、私はこの時点をもって中世の起点と考えている。

思ったより前置きが長くなったが、もちろん城の山古墳以前においても、県内最古の土偶・土鈴、最北の玦状耳飾の製作遺物がみられるなど、良好な縄紋前期前葉の遺物群を出土した二軒茶屋遺跡、縄紋後期の優美な漆器群や多様な弥生再葬墓群で著名な分谷地A遺跡、縄紋晩期のイメージを変えた青田遺跡や野地遺跡、県内最多の続縄紋土器（図4）を出土した兵衛遺跡など、本地域においては、陸続と注目される遺跡が発見されている。そしてそのような立地条件に注目したからこそ、逸早く奥山荘が摂関家領荘園としてに立荘されたといえる。

では、いよいよ奥山荘へと駒を進める。

Ⅲ　史跡奥山荘城館遺跡の概要

国指定史跡奥山荘城館遺跡は、中世東国荘園の姿を今に残すものとして、一九八四（昭和五十九）年十月三日に江上館跡（胎内市本郷町）・鳥坂城跡（同羽黒）・倉田城跡（同関沢）・野中石塔婆群（同野中）・小鷹宮境内地（同村松浜）の五地点が指定され、次いで一九九四（平成六）年三月三十日に韋駄天山遺跡（同平木田）・黒川城跡（同下館）・蔵王権現遺跡（同蔵王）・臭水遺跡（同塩谷）、金山城跡（新発田市金山）の五地点が追加指定された。その後、一九九八（平成十）年一月十四日付での江上館跡の追加指定を経て、二〇〇六（平成十八）年一月二十六日付で坊城館跡（胎内市西本町）および古舘館跡（同古舘）の二地点が新たに追加指定された。

このように現在一二地点が史跡として指定されており、順次整備を進めている段階である。以下、遺跡の性格から、城館・宗教関連遺跡・その他に分けて概要を説明する。

1 城館遺跡

坊城館跡《ぼうじょうかんあと》　土地区画整理事業にともなう発掘調査でみつかった鎌倉後期（十三世紀後半～十四世紀前半）の館跡で（口絵2頁）、六〇数メートル《メートル》四方の屋敷地を区画する溝や大規模な建物が何棟もみつかった。注目される出土遺物としては、大量の土器、青磁などの高級中国製磁器などがある。

これらから坊城館跡は、当時最も格の高い居住者である地頭＝三浦和田一族の屋敷跡であると考えられ、鎌倉時代の地頭屋敷が室町時代の武家居館（江上館）の南方二〇〇メートル《メートル》に位置していたという、全国的にみても稀有な事例が判明したことになる（口絵1頁）。今後は、江上館と一体的に活用すべく、整備を実施していく予定である。

江上《えがみ》館跡　奥山荘惣領地頭である中条家の居館跡と考えられる（口絵3頁）。きわめて土塁の遺存状態がよく、一九六二・六三（昭和三十七・三十八）年の発掘調査を受け、一九九一（平成三）年度より整備を開始した。一九九一年～一九九六（平成八）年に発掘調査を行い、それにもとづいて一九九七（平成九）年より史跡整備を実施した。

史跡整備については、発掘調査の成果を基として、主郭内を晴れの場と日常の場に区画して示し、休憩施設などを古来の技法で再現している。また、正面の水堀を復元し、橋・門の導入部を設けて、入り口部分の威容を示している。

そして二〇〇二（平成十四）年度から「奥山荘歴史の広場」として開園し、生涯学習の場を提供している。傍らには奥山荘歴史館を併設し、奥山荘探訪のスタート地点として機能している。な

図5　黒川城跡

お、ここでは奥山荘を概観する図録や中条町史などを購入することができる。

また、例年九月頃には、鳥坂城で囚われの身となった坂額御前を偲ぶ中秋の宴の舞台として、多くの人びとが集まり、武者行列や芸能を観賞している。また、これにあわせて、イベントシャツや古代米弁当などを販売しており、中世の雰囲気にひたれる絶好の機会となっている。

鳥坂《とっさか》城跡　鎌倉初期に城氏が最後に立て籠もった山城「鳥坂」として、鎌倉幕府の正史『吾妻鏡』にでてくることで著名な山城で(口絵4頁)、かの「坂額御前」奮戦エピソードは、このときのものである。ただしハイキングコースの途中で現在みることができるのは、室町時代の十五世紀後半以降に中条家によって築かれた城郭群である。遺構は、尾根先端の六条の堀切に区切られた郭群や二〇段以上に及ぶ連続段切からなる山上の部分と、土塁・堀に区切られた麓の「宮の入」の居館群等からなる。中条氏の戦国時代の本拠地である。ただし、鎌倉初期にさかのぼる遺物も山上で拾われており、往時にも取り立てられていたことが判明している。

黒川城跡　黒川本家の山城で、中条家の鳥坂城に対応するもの。一〇条の堀切をもち、最前列には二重にめぐらせるなど、防御を固めている。ただし日常生活は、麓の居館部で営まれていたと考えられ、今後の調査がまたれる。

古舘館跡《ふるだて》　郭内六七〇〇平方メートルという非常に大きな館跡で（口絵4頁）、土塁に折れをともなう不整形居館である。土塁は、郭内から二・五～三・八メートルと非常に良好に遺存しており、周囲に幅一五メートル前後の水堀がめぐらされている。

これまでは外形から近世につくられたのではないかといわれていたが、二〇〇四（平成十六）年度の確認調査の結果、主体的な時期が十五世紀代であることが判明した。そして、本館跡を特徴づける非常に良好な土塁は、十五世紀末頃に現在の規模となり、程なく廃絶したものと考えられる。

倉田城跡　関沢の現集落を見下ろす尾根の先端上に築かれた山城である。比高差は、三〇メートルに満たない。堀切・段郭等があるが、全体で一五〇メートルと小規模であるため、集落あるいは寺院に附属する山城と思われる。

金山城館遺跡　新発田市金山に所在する願文山城跡・館ノ内跡・高館館跡（下ノ館跡）・蝸牛山城跡からなる。金山の地名は、鎌倉時代からみられるが、城自体は戦国期のもので、中条茂資の弟政綱が興した金山家が残したものと考えられる。

2　宗教関連遺跡等

韋駄天山遺跡

平野部に位置する独立丘陵頂部に営まれた中世墳墓で、一九五四（昭和二十九）年の発掘調査で多くの珠洲製骨蔵器や層塔・宝篋印塔・板碑などの石塔が出土した。本遺跡は、中世文書にでてくる「村上山」に比定され、時期的に奥山荘北条の地頭である黒川氏に関係する墓地と考えられる。二〇〇三（平成

図6　韋駄天山遺跡墳頂部整備状況

図7　金峰神社奉納鉄製柴燈鉢（元徳三年銘）蔵王区所蔵

図8　野中石塔婆群（向って左に永和四季銘）

十五）年から整備に入り、二〇〇六（平成十八）年度から見学に供している。

蔵王権現遺跡《ざおうごんげん》　黒川家の崇拝した山岳修験遺跡で、尾根に沿って前立堂跡や今蔵王堂跡など礎石をともなう御堂跡地が点在している。また、同一の尾根上に山城跡が二地点築かれており、奥山荘と荒川保の境目の城と考えられる。県指定の柴燈鉢（図7）や鰐口など、乙宝寺と並んで多くの宝物が寄進されており、黒川家の祈願所と考えられている。

野中石塔婆群　四基の板碑からなる供養塔群である。大型の二基には阿弥陀三尊を刻み、小型の二基には地蔵菩薩（カ）を刻んでいる。小型の一基には、永和四（一三七八）季銘が認められ、ほかのものもその前後のものと考えられる。これらは、三基と一基に分かれて、それぞれ塚上に置かれており、建立当初の位置を留めている可能性がある。なお、曽我禅師の伝説がある。

小鷹宮境内地《こたかのみや》　奥山荘を分割した文書に中条領と南条領の境のランドマークとしてでてくるもので、現在も境内地がある。小丘上にある湯殿山碑がそれを示すという説もある。

臭水油坪《くそうずあぶらつぼ》　当時の文献に「くさうつ」とでてくる原油の涌出地。日本最古の産出地といわれ、シンクルトン公園として整備されている。

以上、簡単に説明したこれらの遺跡群を奥山荘の歴史のなかにあてはめていく作業に入ることとしたい。

Ⅳ　奥山荘の始まり――立荘～一二〇一年

奥山荘の成立期については、越後平氏である城家の存在を抜きにして考えることはできない。それは、彼らこそが奥山荘を摂関家に寄進し、立荘を成り立たせた主体であったからである。

ここでは、しばらく遺跡から離れて、城家の足跡を追っていきたい。

1　越後平氏城家

史に名高い「越後国勇士城太郎助永弟助職」（『玉葉』養和元年七月条）ら城家は、まぎれもなく兵（つわもの）の家系に属した一族であった。

しかしこの城家については、その滅亡をもって越後の中世史の幕開けとするのが一般的で、それを主題としてまとめられているものは少ない。また、史料が限られていることから、多くは十二世紀後半からその滅亡の一二〇一（建仁元）年にかけての考察が中心となっている。

城家の系図については、『尊卑分脉』および『同脱漏』所載「桓武平氏系図」、『奥山庄史料集』所載「桓武平氏諸流系図」、『尊卑分脉』所載「東記」系図などがあり、平国香から繁盛、兼忠、維茂（公的には、維茂が貞盛の養子となる）を経て、繁成の系統が「城家」にあたり、貞成から「城」の名乗りが付されることについては、ほぼ共通している。そして永基ら二〜三代を経て、資国、資永、長茂の順で家系がつながることも共通している。したがって、異同が認められるのは、貞成と資国の間となる。

ここでは、長茂が繁成七代の子孫であるという『吾妻鏡』の記載にもとづき、①繁成→②貞成→③永基→④永家→⑤資国→⑥資永→⑦長茂の順で宗家を継いだと考えておきたい。

2　各人物の活躍時期および事跡について

平国香《たいらのくにか》（良望）　越後平氏城家の祖、平国香は、坂東に土着した父上総介高望王の地盤を受け継ぎ、常陸に威を振るったが、九三五（承平五）年に平将門との紛争に巻き込まれ焼死した。

貞盛　国香の長男で、父の死の折りには京都にいた。その後東国に下り、苦難の末、将門を九四〇（天慶三）年に敗死させた（『将門記』）。九七四（天延二）年には、陸奥守鎮守府将軍に任ぜられており、上野・常陸各地に根を張ることになる。さらに貞盛は、一族の子弟の多くを養子とし、陰位制をフルに活用したことでも知られている。なお、子の維衡の系統が清盛につながる伊勢平氏であり、同じく維将の系統が鎌倉の北条家につながるのであり、その後の歴史に果たした足跡は非常に大きい。

繁盛　国香の次男で、兄貞盛とともに将門を倒し、常陸に基盤をおいていた。「武略神人」（『尊卑分脈』）といわれ、九八六（寛和二）年には上洛しようとしているが、叔父良文

図9　城家系図案

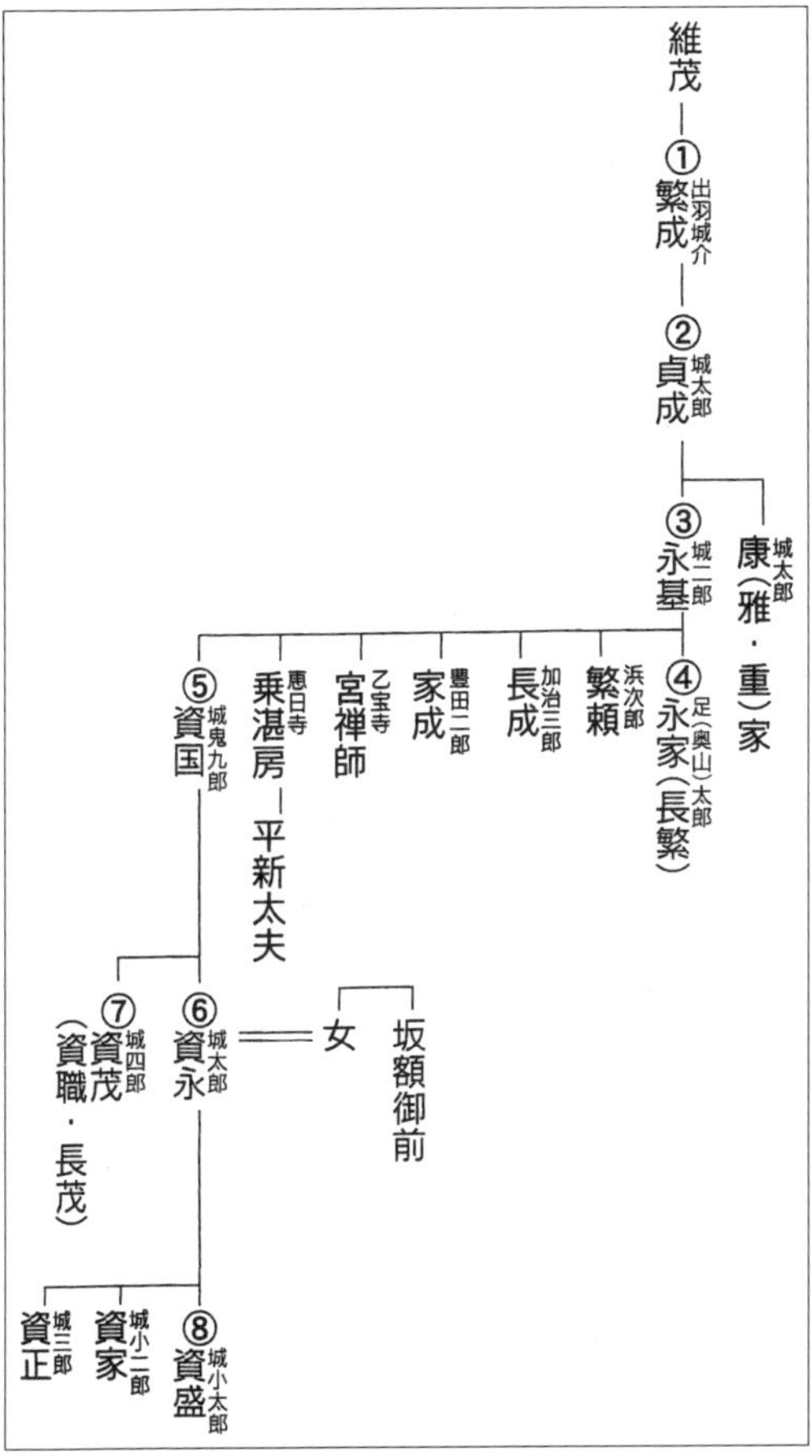

の子すなわち従兄弟の忠頼らに防止されている。

維　茂　繁盛の子兼忠の子であるが、繁盛の兄貞盛の十五番目の養子となり余五君とよばれた。後に鎮守府将軍となったため、余五将軍とよばれた。なお、繁盛の子とする系図もあるが、『御堂関白記』『今昔物語』や『尊卑分脈』の追筆などから、繁盛の孫とする。長徳～長保の頃、陸奥において、藤原秀郷の子諸任を敗り、「並びなき兵」といわれたという。

しかし「維茂」という名は、確実な同時代文献に認められないため、維良（吉）と同一人物である可能性が指摘されており、ここではそれに従っておく。この維良は、一〇〇三（長保五）年二月に下総を追われ、長駆越後まで逃げている（『権記』四月廿三日条）ことから、この段階ですでに越後に一定の基盤を有していたと考えられる。もとより、その場所が越後のどこにあたるかは不明であるが、『尊卑分脈』は維茂の註として「帯刀奥山城鬼才流」と記しており、この奥山が奥山荘の故地を意味しているのであれば、興味深い。なお維良は、藤原道長に、一〇一二（長和元）年、同三年、同四年、同五年と貢馬し、臣従している。とくに、長和三年の貢馬は、ほかにも多くの陸奥国の財をともなって将軍への重任を願うものであり（『小右記』二月七日条）、それを受けて道長が越後守などに選入するように申し入れた（『小右記』六月十七日条）ことが指摘されている。したがって、維茂代に摂関家との絆が生じたということがいえる。

そして越後国奥山荘は、「四条宮跡」であり、これが頼道から伝えられたと考えられることから、十一世紀前半にまでその成立をさかのぼれる可能性がある。これらから先に述べた「帯刀奥山城鬼才流」維茂（維良）と奥山荘を結び付けることは、あくまでも可能性にすぎないが、重ねて記しておきたい。

繁成

維茂の子で、一〇五〇（永承五）年に秋田城介となっており、安倍頼良を討つため先鋒として陸奥国へ出陣したが、鬼切部の戦いで敗れた。この繁成の官職から城家と名乗るようになったと考えられている。なお遠藤巌は、越後国小泉荘と藤原清衡の関係や彼の北の方「平氏女」が城一族である可能性を指摘し、平泉藤原氏との関係を説いている。しかし、後年の城家の動向から、その指揮下にあったとは考え難く、越後との関係でいえば、繁成の長兄繁貞との関係を重視すべきものと思われる。

その繁貞は、一〇三二（長元五）年の段階で、「越後国事により勘当」されており、その理由は定かではないが「繁貞郎頭」「従類」を国司が追捕しようとしている（『春記』）。このことから、繁貞が父維茂の越後での基盤を受け継ぎ、郎党・従類を率いて、国衙勢力と対捍するだけの威勢を有していたことがわかる。また、繁貞を勘当したのは源師房であり、その所領が加地荘であったことも明らかとなっており、その宥免に対して関白家の意向が大きく預かっていたことも注目される。繁貞の弟の繁成と越後のかかわりは不明であるが、右の永承五年の戦いで敗れたことにより、出羽における城家の足場は急激に悪化したものと思われ、それが子の貞成の越後進出の契機となったものと思われる。その際、祖父維茂以来の地盤を引き継ぐ伯父の繁貞のつてを頼ったことは想像に難くない。

この繁貞の系統は、帯刀流とよばれ、活動の基盤を京都に置いていたが、繁貞玄孫の維（惟）繁は、阿賀野川南の菅名荘の預所職を一一八六（文治二）年段階で維持しており、城家との関係が想定される。

貞成の生きた十一世紀中葉〜後半は、

繁成の子で、城太郎とよばれた。彼出羽の清原氏が「嫡宗主従制」に移行する段階であり、武芸を業とした兵が地域に根ざした「住人」と化して在地領主が登場する段階であった。

この貞成から「城」の名乗りが表れてくることから、嫡子を頂点とした「家」としての体制に移行し、在地化を指向しはじめたといえようか。系図によれば、従兄弟にあたる伯父繁兼の子貞兼が「奥山平大夫」、叔父繁職の子繁家が「奥山三郎」とよばれており、一族こぞって越後に拠点を有していたと考えられる。ただし兄の貞兼は、従五位下に列せられており、伯父繁貞の系統（帯刀流）とともに、京都に生活の主体を置いていたと考えられる。したがって貞成は、奥山三郎繁家とともに越後での開発の中心をなし、「住人」化していったものと思われる。

永　基　生没一〇五〇年頃〜一一二〇年頃。貞成の子で、城二郎とよばれた。城太郎康家（雅家）という兄がいたらしいが、早世したためか、彼の事跡は不明。一一一七（永久五）年には、越後国住人永基が、源義親と名乗る法師のことで詰問を受けていることから、この段階で確固とした勢力に成長していたことがわかる。この「国住人」とは、関幸彦によれば、「国規模での在地有力者への呼称であり、領主化した辺境軍事貴族」を意味し、「国衙や府衙により認知された〈兵の家〉」という存在であった。それは、永基以後に各地の地名を冠した名乗りが出てくることからもうかがえよう。

なお一一二〇（保安元）年には、藤原清衡が小泉荘に関係しており、その貢納物の金馬檀紙等が同荘の定使によって横領されていたことが『中右記』六月条にでてくる。このことについて、大石直正は年貢の運搬経路として小泉荘を考え、松井茂はさらに進めて、奥州藤原氏の勢力が小泉荘あるいは岩船郡にまで及んでいたとした。

永　家　生没一〇六五年頃〜一一二五年頃。永基の子で、足太郎（奥山黒太郎・奥山太郎）とよばれた。仮に「足」が沼垂郡「足羽郷」を指すものとすれば、奥山荘付近が古代の足羽郷に含まれていた可能性がある。永家の兄弟より、「加治」や「浜」などの地域名称を付してよばれるものがでてくるが、それらは「奥山」に比して二世代ほど遅い。

資　国　生没一一〇〇年頃〜一一六〇年頃。城（鬼）九郎とよばれた。永家の子とする系図と弟とする系図に二分されるが、名乗りおよび子の資永の活動年代から考えて、兄弟と考えておく。兄に豊田二郎家成がいるとする系図があり、ほかにも『乙宝寺縁起』に資永の伯父の宮禅師（一一七五年在命）や、『延慶本平家物語』には「郎等」とでてくるが、『異本塔寺帳』では長茂の伯父とされる乗湛房などの兄がいたらしい。

そして資国に後三年の役で没した清原武衡（〜一〇八七年）の娘が嫁していたという『吾妻鏡』養和元年九月三日条の所伝は、年代的にややむずかしいがありえない話ではない。

あるいは、資国の頃に奥州藤原氏に対して、城家こそが出羽の正統を継ぐものとしての対抗意識が表面化したということも考えられる。そうであれば、『玉葉』にでてくる、資職（長茂）が横田河原合戦の敗戦後に会津まで落ちたところ、藤原秀衡が郎従を遣わして押領したという伝聞も、陸奥国会津もしくは出羽国置賜方面に城一族の勢力が及んだ結果、奥州藤原氏との間になんらかのトラブルが発生していたことを前提として記されたもの、と考えられないこともない。ただし、子の資永に母が武衡の血統を引くと記されていることからすると、かえって資永の代にいたって係争が生じたと考えたほうがよいかもしれない。

資　永　生没一一一五年頃〜一一八一年。資国の子で城太郎とよばれた。田村裕の研究成果によれば、一一三〇年前後から在京し、一一五三年以後越後に戻っている。一一六五（永万元）年には、資永が濫行を停止しない場合、罪科に処するように在庁官人らに院宣が下されている。国衙領瀬波河の鮭漁に関係する濫行の可能性もあり、小泉荘との関係も考えられている。また、『乙宝寺縁起』にもその名がでてきており、京都へもっていった舎利を納める純金の三重塔婆の行事を承り、建立した人物として現れてくる。

これが史実か否かは不明であるが、中央との交渉を物語るものであろうか。彼は、一一八〇（治承四）年に他人を交えずに甲斐・信濃を攻め落とすと豪語したというが、翌一一八一（養和元）年早春、義仲を討つために出発しようとしたところで急死した（『玉葉』）。

この資永および父の資国の頃が城家の最盛期で、奥州藤原氏や関東に対抗できるだけの勢力に成長していたと考えられる。

長茂（資職・資茂）　生没一一四〇年頃〜一二〇一年。資永の弟で、城四郎とよばれ、兄の急死にともない城家を率いることとなった。彼は、『玉葉』によれば国人によって白川御館とよばれており、白河荘（阿賀野市周辺）に基盤を置いていたものと考えられる。またその立地から、会津との関係が深く、会津と白河荘の間の荘園である小河荘を恵日寺に寄進したと伝えられる（『異本塔寺長帳』）。

彼は城家のなかで、最も多くの史料に名を残している人物である。それは、彼が城家を率いた一一八一（治承五）年〜寿永〜文治〜建久〜一二〇一（建仁元）年といった時代は、鎌倉に武家権門が成立する段階であり、城家の動向が日本国を左右する可能性もあった時期であったためである。

ここで長茂の動きをまとめておく。

一一八一（養和元）年二月、兄資永急死し城家を継ぐ。同年六月、信州横田河原合戦で敗戦。同年八月、越後守に任命。一一八二（寿永元）年九月、小川荘赤谷に築城。その後に鎌倉に敗れ、囚人となり景時に預けられる。長茂と改名。一一八八（文治四）年九月、御家人に推挙も成らず。一一八九（文治五）年七月、頼朝の奥州進発に従う。一一九二（建久三）年六月、法華堂梁棟を引く。一二〇一（建仁元）年一月〜三月、京都で関東追討の院宣を請うも果せたず、誅せらる。

まずかの長茂は、兄の跡を継いだとはいえ、兄の住んでいた場所（館）に入ったのであろうか。その可能性は否定できないが、彼はすでに白川の御館とよばれており、そこが彼の本拠地であったと考えられ、資永遺児の資盛はそのまま最後の地である鳥坂にいたのではなかろうか。

なお一般的に、横田河原の合戦後すぐに義仲が越後国衙を掌握したと考えられている。そして翌一一八二（寿永元）年義仲の動きがないことに対しては、ほとんどの場合、飢饉によって動きがとれなかったという説明がされている。しかし、一一八一（養和元）年も同様の飢饉でありながら戦いは行われているのであり、義仲の越後国府占拠は、資職が逃げ帰る折りの「本国在庁官人已下、為遂宿意、欲凌礫助元」（『玉葉』七月条）という記事に多分に引きずられているのではないかと思われる。しかし城一族は、一敗地にまみれたとはいえ「越後助職未死、勢又強不滅、乃源氏等、雖似掠領未入部」（『玉葉』七月廿二日条）という状況にあり、隠然たる勢力を保っていた。

問題は、「如只今者、大略為敵軍被追帰了」（『玉葉』八月六日条）という記事の解釈である。これは、敗れはしたもののその忠節に対して助職を越後守に任命しようという平宗盛の意見に対して、藤原兼実は勝ってからでしょう（「越州者、遂其節之時如何」）といい、負けたのにと憤慨（「如只今者、大略為敵軍被追帰了、頗無其謂」）しているのである。したがってこの記事は、越後国府を城家が掌握しているかどうかについて言及しているわけではなく、信濃で敗れて追い返されたことを述べているにすぎないのである。はたして越後国府さえ押さえていないものが、平氏政権がいかに背に腹を変えられぬ状況であろうと越後守に任じるであろうか。先に引いた『玉葉』の記事や『平家物語』の「越後国ハ木曾押領シテ長茂ヲ追討シテ国務ニモ不及ケリ」という一節は、どこまで寿永元年の越後国府の実情を伝えているのであろうか。

そして一一八一（養和元）年八月十五日に兼実をして「天下之耻」と嘆かせた助職の越後守が実現した（『玉葉』）。それは、兼実がいうように、通常武士が任ぜられる（「源氏平氏の習い」）のは、諸大夫といえども衛府から（「靭負尉如何」）であり、武家の棟梁でさえ兵衛佐であったことを考えれば、いかに破天荒な人事であったかがわかる。それだけ平氏政権は、追い込まれていたのであり、「不滅」の城家に期待していたといえよう。

その後の動静は定かでないが、一一八二（翌寿永元）年九月、長茂は、「小河庄赤谷構成城郭」して「奉咒詛源家」という（『吾妻鏡』九月廿八日条）。もちろん、ここでいう「源家」とは、頼朝ではなく義仲のことを指していよう。

次いで一一八二（寿永元）年から一一八七（文治三）年までの間に、城家は鎌倉勢に屈服し、長茂は囚人となり、景時の下に預けられることになる。

この屈服の時期については、「白河荘作田注文案」に、治承五〜七年という年号が記されており、その頃までは阿賀北を掌握していたと考えたい。そして大詰めを迎えるのは、義仲敗死（元暦元年＝一一八四）後に、北陸道が頼朝の管轄に加えられ（同年二月）、鎌倉殿勧農使が派遣されてからのことである。その廃止は、一一八五（文治元）年六月のことであるから、その間に膝を屈した可能性が最も高い。なお、奥山荘には、すでに一一八八（文治四）年以前に地頭の存在が確認でき（『吾妻鏡』二月二日条）、この段階で長茂は囚人であったと考えられることから、謀叛人跡として扱われていたことが知れる。

また、一一八九（文治五）年の奥州進発の途上、郎従が二百人以上も集まってきたことからして、伊勢平家に見切りを付け、進んで降参した可能性もあろう。

長茂はその後、法華堂の梁棟を引いていることから、奥州合戦後まもなく御家人に列したものと考えられているが、すでに加地荘、奥山荘などに、関東御家人が地頭職を得ており、城家に対する圧迫はつづいていたと考えられる。あるいは、長茂の根拠地である白川荘は、彼に返還されたのであろうか。

そして庇護者であり理解者でもあった、梶原平景時が一二〇〇（正治二）年一月に討死し、もはや頼朝亡き鎌倉と城家とを結び付けるものはなく、その間冷やかに鎌倉の動静をみつめていたであろう。約一年の準備期間を経て、関東を出た長茂は、一二〇一（建仁元）年に京での倒幕行動にでた。

この京での行動のおり、長茂に従ったのが、資盛の弟である甥の資家・資正、本吉冠者隆衡、伴類新津四郎以下であり、資盛を除く一族らが集まっており、城家の命運を懸けての行動であったことがわかる。なお隆衡は、奥州藤原氏の秀衡の四男で泰衡の弟にあたる。その滅亡後囚人となったが、奥州藤原氏の再興のため長茂に与したものと思われる。この幕府追討の院宣請求は、一見無謀な行動にみえるが、実際二十年後の一二二一（承久三）年には、後鳥羽院自身も幕府を討とうとしている（承久の乱）。長茂のクーデターが成功していれば、鎌倉に対する追討の院宣が発せられる可能性は十分にあったのではなかろうか。

なお、伴類「新津」四郎の存在により、阿賀野川の南方にまで城家の勢力が及んでいたことがわかる。

また『平家物語』では、長茂が越後のみならず出羽・会津四郡の軍勢まで動員したとしており、陸奥・出羽の一部まで城家の勢力が及んでいた可能性がある。このうち会津については、永基以降に城家の勢力が及んだと思われるのに対し、出羽はまったく不明というほかはないが、候補地としては、会津北方の置賜郡～奥山荘の東側の小国方面にかけての地域となろうか。

そして、最後の越後鳥坂での合戦時に、資盛は「北国之輩」を招き寄せており、この輩が具体的に佐渡や北陸であるのか、出羽・陸奥であるのか不明であるが、越後以外の勢力が結集していたことがわかる。

資盛（付、坂額）

資永の子で、城小太郎とよばれた。長茂の甥にあたる。この資盛の事跡は、越後奥山荘「鳥坂」に立て籠って最後の抵抗を試みたこと以外まったく不明である。

しかし、最後の鳥坂での戦のおり、代々城家に相伝されてきた刀が紛失したということは、この段階で刀は奥山荘鳥坂城に拠った資盛の元にあったということである。そのことが意味するところは、この時点で城家を継いでいたのは、資盛であったということである。

なお、この合戦でつとに有名なのは、坂額の奮戦である（『吾妻鏡』）。彼女は、鳥坂の攻防の後、鎌倉へ護送され、頼家の前で堂々とした態度を示した。そして浅利余一（源義遠）に所望されて甲斐へ赴いたが、そのおりに頼家は、「面貌雖似宜、思心之武、誰有遺愛念哉」（六月廿九日条）といっており、面貌よろしき美人であったことがわかる。坂額の美醜については、六月廿八日条の

「但於顔色、殆可配陵園妾」が問題とされることが多いが、文脈から考えれば勇女にもかかわらず美しい、ということに焦点が当てられているように思われる。

そしてこの時点で彼女は、強弓を引きつづける体力を有しており、子を設けられると考えられていたのである。彼女について記した系図といえば、記載に誤りが目立つ『系氏纂要』のものがあるにすぎず、ほとんどが無批判にそれを用い、坂額を助永・長茂の妹としている。しかし、一一六五（永万元）年の国宣により、その時点で助永が活躍していることからして、資国の子というのは年齢的に無理があるのではないかと思われる。また唯一の根本史料である『吾妻鏡』によれば、坂額は「資盛姨母」といわれている。「姨母」とは、『大漢和辞典』によれば、①母の姉妹、おば、姨娘、②父の妾とある。姨娘は、母方のおばであって父の妹という意味はない。この場合、資盛の父資永が一一八一（養和元）年に急逝していることから、年齢的に②はむずかしいとすると、①の意味となり、母の妹と考えられよう。したがって坂額は、城一族の姻戚であることになるが、父が誰であるかわかっておらず、それ以上は不明といわざるをえない。

3　奥山荘の開発と城家

城一族の越後への展開は、右にみてきたように十一世紀代に始まったと考えられるが、系図では「奥山某」という名乗りを有するものが最も早くみられることから、奥山荘の開発が最も早く、城家にとっての根本所領であったと考えられる。奥山の名前が飯豊山系の「奥山」からきているように、越後での開発は、海岸部ではなく、荒川が平野部へ流れ出る前の小国~関川方面から始まったと考えられる。なんとなれば荒川河口は、後に揚北唯一の国衙領となる荒川保としての地盤が存在していたし、城家の系図に小泉を冠する人物が表れてこないこともその傍証となろう。

ではなぜ城一族は、出羽から日本海沿いに南進しなかったのであろうか。それはひとえに、北の要衝たる岩船湊が、国衙勢力あるいは奥州藤原氏(前節永基の項参照)によって押さえられていたからであろう。さらに岩船・荒川・沼垂等の大河の河口は、すでに律令国家以来の国衙在庁勢力によって押さえられていたに相違あるまい。したがって十一世紀以降に、城一族が開発を行い得た地域としては、開発の遅れていた山間部であったと思われる。あるいは城一族は、国衙勢力から奥山荘以南の地域の開発を認めてもらうことによって、入植が実現したのではなかろうか。彼らは、それ相応の実力を備えていたと思われるが、根を張るには既存勢力の承認が必要であろうし、維茂・繁貞以来、本地域になんらかの得分をもっていた可能性は高いものと思われるからである。

さてもさほど奥にも思えない場所が、なぜに「奥山」荘と名付けられたのか。私にとってそれは年来の謎であったが、ある初冬に塩津潟のある築地方面からみたときその疑問が氷解した。すなわち黒川・荒川の高坪山系と神林の朴坂山系の間、すなわち荒川が流れ出る谷間にのぞまれる白き山々が、飯豊山系の一部をなす「奥山」なのであった。まさしくそれは、信濃川・阿賀野川の河口から、北へと遡上する水系の最上流に位置する塩津潟付近からのぞんだ呼称だったのではないかと思われる。

その奥山の開発は、当初飯豊山系と朴坂山系の間の谷を中心に行われていったと想像される。そして次にめざす方向としては、荒川・瀬波川とともに国衙勢力に押さえられていたとすれば、現在の関川村域からつづく谷間を南進し、そこでようやく胎内川を下り、櫛形山脈の西（潟・海）側へと進出したものと思われる。そしてその最前線の根拠地こそは、城一族が最後に滅ぶことを選んだ「鳥坂」（城）の地ではなかったであろうか。彼らはここから、流通拠点となる潟路を押さえつつ南進し、阿賀北をその勢力下へおいていったものと考えたい。

そして宗家の押さえている場所は、奥山荘、白河荘であり、これがともに摂関家領であることは、城家と摂関家との関係が想定され興味深い。

このように考えてくると、越後北部に接する陸奥国蜷川荘や出羽国成嶋荘などの摂関家領とのネットワークが気にかかってくるが、後考を期したい。

4　遺跡にみる城家

長々と文献から奥山荘の始まりをみてきたが、じつは阿賀北における十一〜十二世紀代の遺跡はあまりみつかっていない。このような状況のなかでみのがせないものに、埋経遺跡（経塚）がある。

越後では、仁安年間（一一六六〜六九）の紀年銘が認められ、十二世紀後半には、その風が行われたことが知られる。揚北にかぎれば、大沢経塚、横峯経塚が城家の時代の経塚である。

大沢経塚（新発田市真木山）は、偶然発見されたため詳細な情報は不明であるが、銅製経筒の周囲に木炭が敷き詰められ、刀子二腰が交差した状態で出土したという。経筒のなかには、五人以上が書写した墨書・朱書・墨朱交書の法華経の断簡が遺存していた。さらにその後、同地点から珠洲Ⅰ期の壺などが出土したが、経筒との関係は不明とされている。同時に出土していないことから、経筒は後出の壺のなかには入っていなかったものと考えられるが、あるいは複数回の埋経が行われた可能性があろう。紀年銘がないため正確な年代は不明であるが、経筒型式から十二世紀後半の所産と考えられている。出土地点は、一一三五（長承四）年立券の豊田荘内に含まれると考えられ、埋納者としては領家の東大寺の関係者が考えられる。ここに、同時代の人物と考えられる城一族の豊田二郎家成がかかわっているかどうかは、もとより不明としかいいようがないが、次の横峯経塚が城家によるものであれば、その可能性もあろう。

横峯経塚（阿賀野市寺社）には、三基の塚があったとされるが、偶然に破壊をまぬがれた二基が調査された。ともに埋納土坑を中心に、周溝をめぐらせており、元来はマウンドをともなっていたとされる。

第一号経塚は、径九《メートル》近くに及ぶ周溝をめぐらせており、中央に径一《メートル》ほどの土坑を穿ち、陶製経筒を中央に置いていた。副納品として、和鏡二面、櫛、短刀一四腰、木製珠二六点などが出土し、一面の和鏡に「仁安」（一一六六～六八）銘と推定される墨書が記されていた（現在は未詳）。

第二号経塚は、径一二《メートル》ほどで、第一号経塚よりさらに大きい。周溝の切合い関係から、第一号経塚に後出することが明らかとなっている。中央に径二《メートル》前後の埋納土坑が穿たれていたと考えられるが、掘削により一〇《センチ》ほどの遺構埋土が残されていたにすぎない。覆土は木炭からなり、底面には礫が敷き詰められていた。遺物は、土坑から五鈷鈴（図10）、和鏡、青白磁合子二組、白磁碗口縁、短刀三一腰余、水晶珠、硝子珠二点、漆器片、墨書礫八点余などが出土している。経筒は失われているが、外容器の一部、和鏡、火舎、短刀二腰、紙本経断簡などが塚下斜面より発見され、本経塚にともなうものと考えられている。なお、経片に緑錆が付着しており、銅製経筒が存在したものと思われる。墨書銘には、「伴覚（貞）宗」「□貞円」「長茂（成）」などがある。

いうまでもなく、第二号経塚の出土墨書礫の「長茂」は、城四郎その人と考えられており、本

図10　横峯経塚出土五鈷鈴

経塚は白河御館とよばれた長茂の本領である白河荘に位置している。長茂は、一一八一（養和元）年八月の越後守任官までは「助職」であるから、長茂と改名するのはそれ以降となり、滅亡の一二〇一（建仁元）年までの二十年の間に本経塚が築造されたと考えられる。

本地域の経塚の多くは、外容器として珠洲系陶器を用いている。この事実は、珠洲窯の初期の製品に仏教的色彩を帯びた多種多様なものが認められることから、それが開窯の一因であったことを意味しよう。そして、その初期の需要者が、在地の有力者であったことは言をまたないであろう。

ここでさらに注目されるのは、吉岡康暢が、五頭丘陵における窯跡群の変遷を、豊浦支群から笹神支群へと想定していることである。それにしたがえば、城家の時代である珠洲Ⅰ期並行期における陶器生産は、豊田荘地内に始まったこととな

る。十三世紀後半の弘安年間の白河荘に殺生禁断の地があり、それと工人との関係がすでに想定されている。殺生禁断令とは、仏教救済を装いつつもその実、それを出した主体が禁断範囲の人びとと土地資源の利権を独占するための法であり、それ自体は十一世紀後半以来のものである。荘園の確保に躍起になっていた「東大寺」領豊田荘に最初に陶器生産が導入されたのは、それと無関係ではなかろう。

また城家の人びとが、奥山荘乙宝寺の宮禅師や会津恵日寺の乗丹坊のように、地域の有力寺社とかかわりをもっていたことは明らかであり、開窯にあたって、なんらかの関与があったことも考えられる。

次に埋経遺跡以外の遺跡についてみていく。

政所条遺跡群（胎内市）では、等該期の遺物（図11・12）がまとまって出土しているが、この時期の遺跡では、越後府中と異なり土器の集中廃棄という様相が認められないため、土器儀礼が頻繁に行われる場ではなかったと考えられる。したがって城家に関係する遺跡ではあるが、この時代の奥山荘の政治的中心は、別の地点に存在したものと思われる。

また、同じく胎内市の鳥坂城では、等該期の白磁碗片が表面採集されており、城家終焉の地である可能性が非常に高いものと思われる。

そのほかに注目される遺跡としては、新潟市沼垂の山木戸遺跡があげられる。そこでは、調査面積に比して多くの玉縁の白磁碗（Ⅳ類）が出土している。城家だけではなく、蒲原津あるいは沼垂湊に関連する集散地遺跡である可能性がある。

次いで、二〇〇四（平成十六）年には、横峯経塚の南方の寺社地内で、大坪遺跡が調査された。遺跡全体の東側を溝がめぐり、掘立柱建物五十棟、木棺墓三基、井戸・溝などがみつかった。本時期の様相が具体的に判明した唯一の調査である。建物は、北よりにある四面および三面庇付総柱建物二棟が版築状の柱穴構造をもつもの

図11　下町・坊城遺跡Ａ地点出土猿投三筋壺

図12　下町・坊城遺跡Ａ地点出土白磁・青白磁

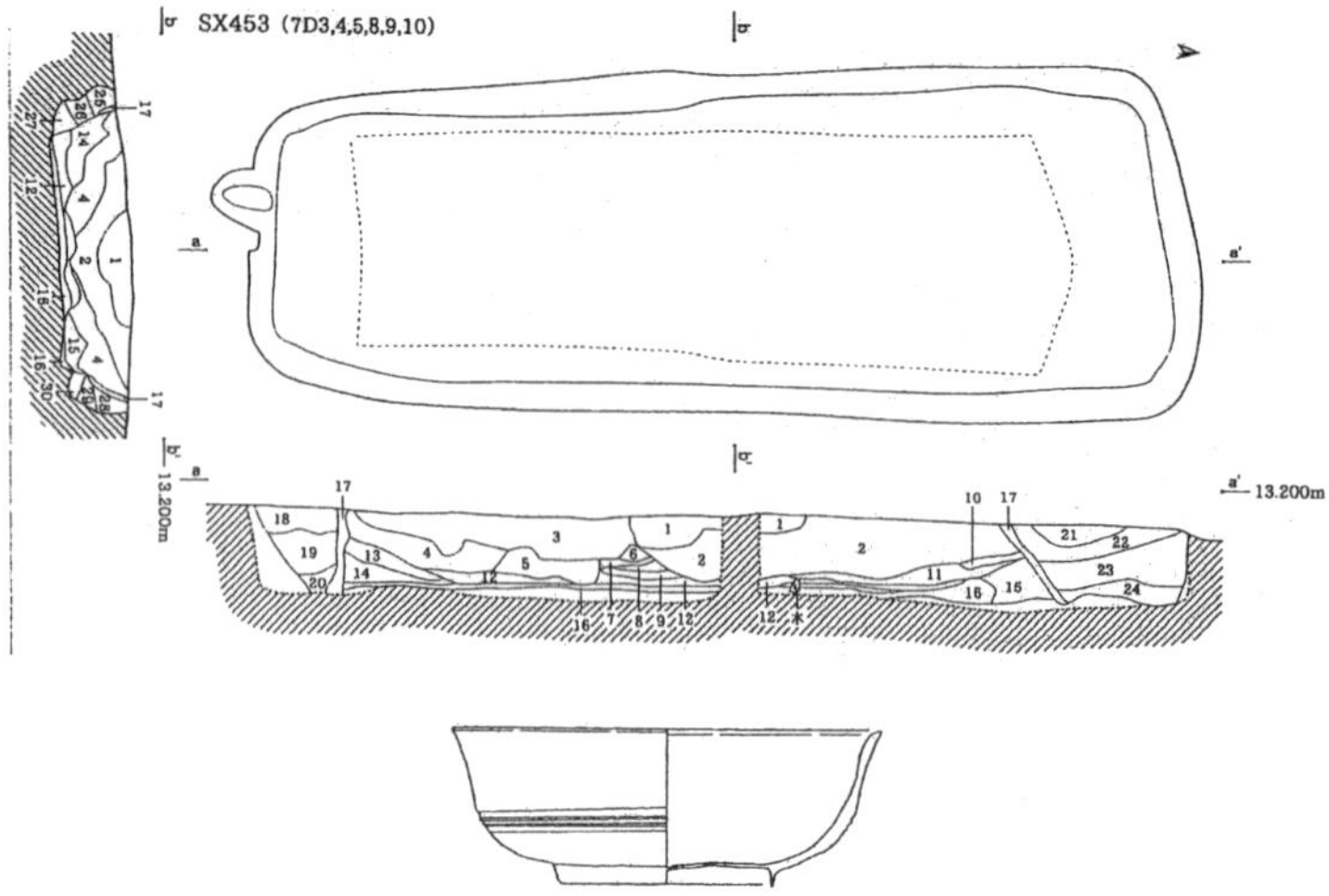

図13　大坪遺跡木棺墓および出土漆器椀

であり、前者には回廊が付属する。また一六八平方メートルをこえるL字形の建物の存在が注目される。なお三基の木棺墓は、屋敷墓と考えられ、初現的なものとして貴重な調査例となった。時期的には、十一世紀中葉に成立し、十三世紀初頭に衰退したとされる。本地点は白河荘の荘域であり、奥山荘政所条遺跡群と同じく城家に関連する遺跡といえよう。

5　モノからみた中世日本海流通

ここでは、奥山荘のおかれている状況を確認するため、十二世紀代の日本海物流をみておきたい。

貿易陶磁器　日本海物流は、十三世紀前半以前においては、美保関を境としており、博多から北陸以北への直行ルートは現在のところ考えられていない。すなわち北陸以北については、平安京経由と考えられているのである。しかるに日本海沿岸における貿易陶磁器の大量出土は、その見解に疑問を呈さざるをえない。吉岡康暢は、十二世紀後半～十四世紀前半に東北関東と中国・四国で中国陶磁の流通量に大差があったとは思えないとしたが、たとえば中世前期の鎌倉を除く太平洋岸と日本海岸の主要遺跡での貿易陶磁器の出土破片数／面積比を比較すると、彼我の差は少なく見積もっても一〇倍以上にもなる。平安京経由だとすると、日本海側の流通量が太平洋側に比して格段に多いことを説明できない。博多に入った貿易陶磁器の多くは、十二世紀までは京を、十三世紀以降は京・鎌倉をめざしたとはいえ、一定量は日本海を駆け下ったものがあったと考えるべきであろう。よく日本列島の東と西が対比されることが多いが、日本海岸と太平洋岸の違いも非常に大きい。

では、具体的にみていこう。まず平清盛による大輪田泊への宋船引き入れ以前の平泉の白磁をはじめとする貿易陶磁器は、どのようなルートでもち込まれたかを考えてみよう。おおむね平泉の貿易陶磁は、渥美や常滑などと同様に太平洋岸ルートでもち込まれたものと考えられている。たしかにその可能性もなくはないが、平安京以東の太平洋岸で白磁を多量に出土した遺跡（一応一〇〇片以上）としては、伊勢平氏関連の雲出島貫《くもでしまぬき》遺跡、松本平の吉田川西遺跡、伊豆韮山の御所の内遺跡（北条氏邸）、鎌倉の大倉幕府周辺遺跡群があげられるが、鎌倉以東では管見に入った遺跡はなく、著名な落川遺跡でさえ非常に出土量が少なく平泉への道程は遠い。

一方日本海沿岸では、岩見国衙関連の古市遺跡・横路遺跡、出雲国衙関連遺跡群・青木遺跡を始めとして、加賀国府周辺の漆町遺跡、越中梅原胡摩堂遺跡、越後国衙至徳寺遺跡、越後沼垂湊関連の山木戸遺跡、越後城家関連の政所条遺跡群・大坪遺跡、会津陣が峯城跡、出羽観音寺廃寺と旧国ごとに大量出土遺跡が存在している。もちろん唐坊のあった敦賀も含まれよう。また、丹波大内城の貿易陶磁器も、福知山の立地からいって、京との関係よりも日本海側の舞鶴や宮津、あるいは小浜との関係で入手したものと考えられよう。

このように日本海沿岸諸国の国衙を始めとする遺跡からは、多量の白磁が出土している。博多からの白磁搬入ルートは、この分布をみれば一目瞭然ではあると思われる。加えて高麗青磁の出土状況もそれに矛盾しない。

また京と北陸の間に位置する近江からまとまった出土例がないことも、そのルートで貿易陶磁が運ばれていないことの傍証となろう。もちろん、平泉における白山社・日吉社の存在から菅野成寛や鋤柄俊夫が説くように、比叡山～北陸～日本海への流通や京を中心とした荘園制的流通網の存在は明らかであるが、こと該期の白磁に関しては、分布状況から畿内経由ルートを採らない。

さらに珠洲系陶器が平泉や岩手の経塚から出土していることからすれば、日本海側からものがもたらされていることも明らかである。また文献的にも一一一九（元永二）年、越後北端の小泉荘に平泉から摂関家への貢納品が運び込まれていたことがわかっている。このように平泉の繁栄は、出羽の清原と陸奥の安倍の遺産を引き継いだことにあるのであり、出羽なくして平泉は立ち行かないといっても過言ではなかろう。東海産陶器の存在から太平洋岸ルートを否定することはできないが、貿易陶磁器の搬入ルートの比重は日本海岸ルートにあったと考えられるのである。

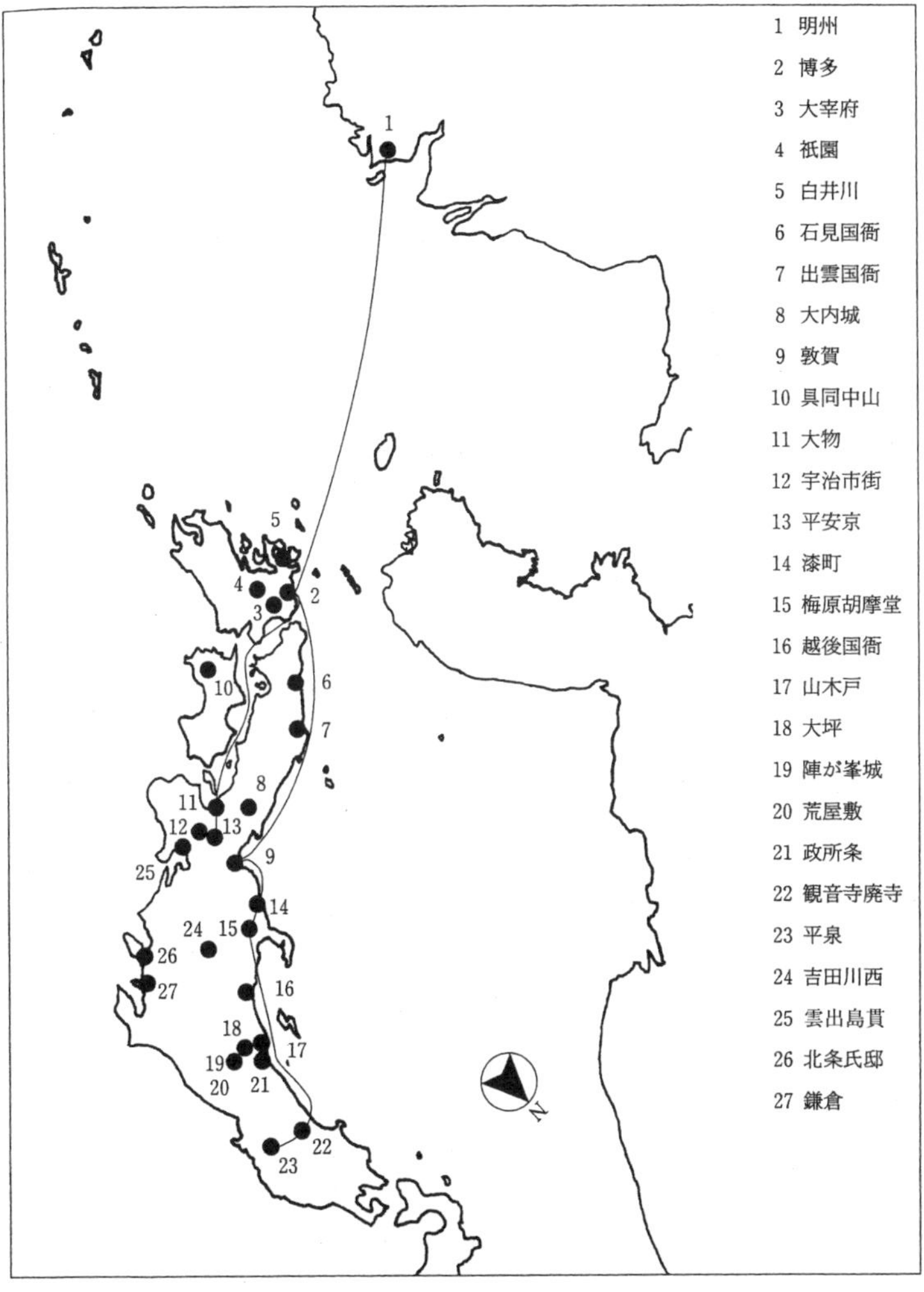

1	明州
2	博多
3	大宰府
4	祇園
5	白井川
6	石見国衙
7	出雲国衙
8	大内城
9	敦賀
10	具同中山
11	大物
12	宇治市街
13	平安京
14	漆町
15	梅原胡摩堂
16	越後国衙
17	山木戸
18	大坪
19	陣が峯城
20	荒屋敷
21	政所条
22	観音寺廃寺
23	平泉
24	吉田川西
25	雲出島貫
26	北条氏邸
27	鎌倉

図14　白磁の流通経路（11世紀後半〜12世紀）

そして冒頭の大輪田泊への直行便は、それ以後の貿易陶磁器（もちろんこの時期は青磁が中心である）の搬入経路に影響を与え、その後の鎌倉への航路を開くことになる。といっても、すべてが鎌倉で消費されたわけではなく、日本海沿岸地域での青磁の出土状況は、前代の白磁に引きつづき非常に盛んである。これは、おそらく十二世紀前半以前の白磁搬入段階では、古代の北陸道および梅原護麻堂遺跡の存在からみて、加賀より陸路をとり、富山湾へ出るルートであったと考えられるのに対し、十二世紀後半以降の青磁段階では、珠洲開窯にともなう陸路を経由しない能登半島廻りルートへ重心が移ったため、より大量の物資廻漕が可能になったことによるものと思われる（もちろん陸路が廃止されたわけではない）。そしてそれは、能登から越中を経由せず越後以北へというルートの存在をも想定できる。

この十二世紀後半以降の青磁の時代、たしかに鎌倉からは大量の青磁が出土する。しかし、一歩鎌倉をでたとたん、その陰すらもみることができないほど、貿易陶磁器の消費量は少ない。彼らは貿易陶磁器を欲していなかったのか。そうではないだろう、わずかに出土するのである。鎌倉の生活様式に憧れつつ、果たせなかったといえよう。鎌倉にすべてが吸い込まれるという、鎌倉ブラックホール論を思い出さずにはいられない。しかし、その入手をかなりの程度実現していた地域があった。どこあろう日本海沿岸地域である。もちろん鎌倉には及ばないが、地域の物流遺跡すなわち地頭館周辺あるいは流通拠点においては、太平洋側とはまったく異なる物の入り方が認められる。たとえば十三世紀代の北東日本海岸をみれば、加賀堅田B遺跡、能登西川島遺跡群、越中梅原護摩堂遺跡、越後の塩津潟周辺の遺跡群（政所条遺跡群・住吉遺跡・二ツ割遺跡）、出羽大楯遺跡・館堀遺跡といった貿易陶磁器を多量に出土する遺跡があげられる。以前より、非常に鎌倉的であるという評価がなされてきた出羽の大楯遺跡は、鎌倉的というよりも日本海的なのである。その点、北条家が日本海沿岸をまず押さえたことは理由のあることであったといえよう。そうしておいて、瀬戸内・太平洋沿岸を押さえて承久の乱後に宗像社の預所や肥前神崎荘の地頭を得ていた三浦一族を打倒することによって、北条惣領家が得宗化への道を歩むことになるのである。

なお、貿易陶磁器の青磁劃花紋碗皿は、東日本では鎌倉の出方に引きずられて、十三世紀前半に位置づけられることが多かった。その時期にも使われていたには違いないが、しかし博多との時期差が五十年もあることはありえず、まさしく十二世紀後半に入り始めていたとせねばならない。この点については、ここでは深くふれないが、平泉で相当量の青磁が出土していることを直視せねばならない。

珠洲陶の開窯

珠洲陶は能登半島の先端の珠洲市に所在し、十二世紀中葉以降、北東日本海沿岸地域に大量に搬入された無釉の焼締め陶器である。主要生産品は、甕・壺・擂鉢の三点セットである。

この珠洲陶に関しては、これまで在地領主層がクローズアップされてきたが、近年の荘園研究の動向からみて、中央からの働きかけによる立荘がその開窯に関しても大きな影響力を有していたと考えなければならない。それは摂関家領荘園、なかんずく皇嘉門院領およびそれを継承した九条家領において顕著であり、河内楠葉牧の瓦器碗は殿下渡領に含まれることからひとまずおくとしても、能登若山荘の珠洲窯、少々時期が下るが肥前彼杵荘の石鍋などがあげられる。とくに珠洲に関しては、十二世紀代の摂関家内部における主導権争いのなかで、忠通が皇嘉門院領として一一四三年に立荘した若山荘との関係がみのがせない。

皇嘉門院領は、忠通が父忠実の意向である頼長への関白職の委譲を拒絶してまで実子へと譲ろうとした布石であり、忠実—頼長ラインによる劣勢のなかで事態を打開するための手段であった。平治の乱直後に忠実より摂関家領を継承することになったとはいえ、それ以前の段階ではその荘園集積こそが忠通の生き残りをかけた戦略であったといえる。そのような意図の下に集積された荘園であった場合、本所たる忠通の意向は、切なるものがあったと思われる。

そして、北越窯の所在する越後国白河荘も皇嘉門院領として立荘されていることを偶然といえようか。その実行時期は、立荘の一一三四（長承三）年から二十年ほど後の一一五二（仁平二）年にいたり、忠通が使者を派遣して検注を実施している時点にあるものと思われる。この時期、忠通は一一五〇年に父忠実による義絶・氏長者の剝奪を受け、保元の乱（一一五六）へといたる一触即発の状況にあり、その時点に検注を実施していることの意味を注視する必要がある。そして、この直接掌握をもって若山荘における珠洲窯のノウハウが伝えられたというのは、該期の窯が発見されていない現状では早計にすぎようか。しかし同じ摂関家領といえども、忠実が集積した高陽院領に属する北方の奥山荘では開窯されていないのである。さらにいうと、寄進者側である越後城家は、すでに十一世紀段階で摂関家領荘園となっていた奥山荘を宗家の資永が継ぎ、その急死により宗家を継ぐことになった職助（長茂）が新たに皇嘉門院領荘園となった白河荘の現地管理者であったことから考えて、摂関家内部の抗争に際して両面作戦をとっていたとも考えられよう。また、田村裕は、東福寺との師弟関係から、九条家と白河荘華報寺との関係を推察しているが、それは十二世紀中葉の皇嘉門院領以来の関係を引き継いだものと考えられる。そこから殺生禁断令を振りかざして、北越窯を経営した華報寺の姿が浮かび上がる。そして十二世紀後半段階では、奥山荘乙宝寺の宮禅師や会津恵日寺の乗丹坊のように、城一族が住持となり、聖域をも手中に収めたものと思われる。

なお、珠洲との関係を考える上でみのがせない珠洲で焼かれた磚佛が集中的に出土している兵庫県揖保川下流域の新宮町を中心とした地域は、播磨国越部荘にあたり、もともと摂関家領であったとされることから、摂関家と庶流である預所の御子左流との関係によって理解できよう。とくに珠洲開窯期の十二世紀中葉において、東播系諸窯の影響は明らかであるが、それは俊成と忠通との関係が美福門院を仲介とした近しい関係にあったことによるものと考えられる。また、次代の定家と皇嘉門院領を継承した九条家との密接な関係からも敷衍することができよう。

このような状況の下、日本海沿岸のとくに摂関家領においては、物資が運び込まれていったと考えられるのである。

V　奥山荘の分割

1　分割の契機

一二〇一（建仁元）年の城資盛の滅亡にともない、地頭であった鎌倉御家人三浦和田（高井）氏が本格的に入部してきた時点をもって、奥山荘に転機が訪れた。ただし、奥山荘が三浦和田氏の一所懸命の地として位置づけられるのは、一二四七（宝治元年）年の鎌倉における三浦本宗家の滅亡以降のことと考えられる。そして一二四〇（仁治元）年の地頭請を経て、十三世紀後半の一二七七（建治三）年には、荘域が北条《きたじょう》・中条《なかじょう》・南 条《みなみじょう》に三分割され、それぞれ後に黒川・中条（惣領家）・関沢を名乗ることになる。そして南北朝以後、中条氏・黒川氏は、揚北の国人領主として、中世越後に足跡を刻んでいくことになる。

北条は、胎内川以北の黒川・草水・江端・松浦・桑江・荒井等、南条は、関沢・長橋・城塚～塩津あたり・夏井、中条は、その中間の羽黒・飯積・石曾根・御宝殿・赤川・築地・村松・鼓岡等となっており、現在の胎内市は、奥山荘北条・南条の一部を除く地域からなっていることになる。

小泉荘加納
荒川保
勝蔵
赤谷
関下町
六本杉
山本
鍬江
黒川城
奥山荘北条
長谷
荒沢
幾地
須巻
窪
鮖谷
安角
坪穴
持倉
黒俣
大石
金俣
夏居
鼓岡

図15　奥山荘の境界と村々

ここで注目されるのは、櫛形山脈の東側から出羽境へと荘域が及んでいる点で、その山林資源にも目を向けねばならない。

2　分割後の境界

奥山荘は、一二七七（建治三）年に北条・中条・南条に三分された後、その所領ごとに領有関係が複雑に入り乱れた。ここでは、荘境をあらためて見直し、今に残る景観を抽出することを目標としたい。

現在荘境については、井上鋭夫説が出された後、北方の荒川保と奥山荘北条との境について井上説の明らかな誤謬を正した丸山浄子・田村裕説が出され、さらに絵図が残る部分から西方の山塊部分についての細部を論定して地図にラインを引いた青山宏夫説にいたっており、筆者も先年それにほぼ従った。

そして胎内川を境とする奥山荘北条と中条境はおくとして、中条と南条境については、井上説以後は、筆者の説と青山の説が近年にいたって出されたにすぎない。

実際、奥山荘を著名にし、井上鋭夫が中世の榜《ぼう》示《じ》と考えた巨石は、ほとんどが資料批判に耐え得ないものである。さらに無理に境界とすると矛盾が生じることから、いわゆる榜示に関しては白紙に戻して検討する必要がある。また、きちんと製図された地図上に落とされた境案も提示されていないというのが現状であったため、筆者は無理を承知で図15に境界を入れてみた。ここでは、それを紹介しておく。

奥山荘北条―荒川保境

鍬江（桑柄）付近を描いた絵図を現地比定した青山宏夫の説に則り、絵図の地点から高坪山系にかけてのラインを定めた。このラインは、西方から鍬江館、根小屋城、吉ヶ沢城、蔵王城、円山城を通るのであり、これらの城は境目の城という位置づけが与えられる。

　蔵王の山麓から海までの境界は、丸山・田村説にほぼ従ったが、それが中世墳墓群である韋駄天山遺跡「村上山」の北麓を通ることが異なる。それは、本墳墓が黒川家によって十四世紀中葉から十五世紀前半にかけて残されたものと考えられるためである。また、海岸の境は、十六世紀末の瀬波郡絵図の郡境を念頭においたものであるが、北方の金屋は黒川領に含まれており、荒川保領である新光寺・新保から北方へ境界が向かっていた可能性を考える必要がある。

　一方鍬江の西方は、西側の小丘陵の尾根を北方へ走り、境目の城と考えられる南赤谷城を通って荒川へと下り、そのまま川を境とするラインを想定した。南赤谷城の東方は、基本的に郡絵図の知行主に拠ったものである。ここでも、郡境を越えて奥山荘域が存在していることに注目する必要がある。

中条—南条境

　櫛形山脈の西方の平野部については、関沢と飯角の境から、柴橋館をめぐり、柴橋川を南西に下り、城の山で西方へ折れ、村松浜小鷹宮へというラインを想定する。このうち、譲状にでてくる「九郎大夫が新保の北の高き丘」は、現存する高さ五メートル、長径四一・六メートルの円墳である「城の山」（大塚）に比定したい。浜の境のランドマークである小鷹宮も現存しており、史跡に指定されている。なお、二〇〇二（平成十四）年度の発掘調査で、城の山の南方から鎌倉期の遺物が出土しており、その一帯が九郎大夫の新保にあたる可能性がでてきたことは、大きな前進であった。そして山間部については、まったく不明といわざるをえないが、西方から市ノ沢城、高つむり城のラインを結び、東方は坂井と上荒沢間の尾根筋を仮に想定しておく。なお、筆者と青山説は、ほぼ一致しているが、柴橋と村松浜の間のランドマークである「たかきおか」を、筆者は先にみた城の山古墳と考えたのに対し、青山は砂丘内端の高まりとしたことに違いがある。

奥山荘南条―加地荘境　文書が残っていないため図示できないが、金山のすぐ南方の境集落から大峰山、新発田市溝足城を結んだラインを想定しておきたい。西方の境は、塩津潟を横断することが文書にでてくる。浜境は、藤塚浜より北方となろう。

Ⅵ　奥山荘政所条

中条領の「政所条《まんどころのじょう》」は、荘園の中心であるにもかかわらず、長らく所在が判明していなかった。それは中世文書にみられる地名の多くが残っているにもかかわらず、政所地名が残っていなかったためである。ただ、「本郷」町が漠然と政所に含まれると想像されていたにすぎない。

ここではまず、中条で最も重要な「政所条」の比定を行いたい。

まず一二四一（仁治二）年の譲状から始めよう。

（前略）高野条のうち、三郎が所領政所条赤川村に胎乃川を越えて少分の田畑あり（中略）高野と赤川の境は胎乃川の北の端より高野の内たるべし。ゆめゆめ川を越えて高野の内あるべからず（後略）

政所条赤川村という記述から、赤川村が政所条に含まれていたことがわかる。また胎乃川の北岸にも赤川村の田畑があり、高野の地は川の南方にはないことが強調されている。

そして十三世紀末頃の製作とされる「波月条近傍絵図」（口絵1頁）によれば、胎乃川の北に「波月条」、南に「石曽祢条」が記されている。波月条と現在の並槻集落がまったく重なるとは考えられないにせよ、地形的にみて波月条西境が現高野橋よりも海側（西方）にいくことはないと考えられる。

したがって政所条に赤川村が含まれるとするならば、石曽祢条の西側一帯が政所条に属する地域ということになる。

そして、それはまさしく地中から姿を現したのである。下町《したまち》・坊城《ぼうじょう》遺跡がそれで、とくにC・D地点は、川沿いの立地で、大型総建物および八角形の木枠を含む木組み井戸やこの時期としては越後唯一の石組側井戸などからなる鎌倉期に最盛期を迎える屋敷地がみつかり、大量の中国陶磁器・手づくね成形土器・漆器などが出土した。これら遺構・遺物の質と量からみて、本地点が奥山荘の鎌倉期の中心地である政所条の中核部分にあたる可能性が高い。

そしてその周辺の状況であるが、まず流路をみていく。明治期の地図からみて水上交通路は、大きく三つの水系に分けられる。山間の沢水を集めて南方に流れる船戸川水系、羽黒および胎内川の水を集める坊城川水系、胎内川から水を引く大江水系である。現在と最も異なっているのは、一九六六（昭和四十一）年の水害以降、羽黒の水が南西の船戸川へと付け替えられたことである。これら三水系の水は、最終的に塩津潟へと注ぎ、阿賀野川と信濃川の合流地点へと向かう。基本的に大江水系・坊城川水系が中条領、船戸川水系が南条領の船運・農業用水として用いられていたと考えられる。

このようにみれば、江上館が中条領の両水系を押さえる立地をもっていたことがみてとれよう。それは、おもに坊城川水系を押さえていた鎌倉期以前の下町・坊城遺跡C・D地点から、北方二〇

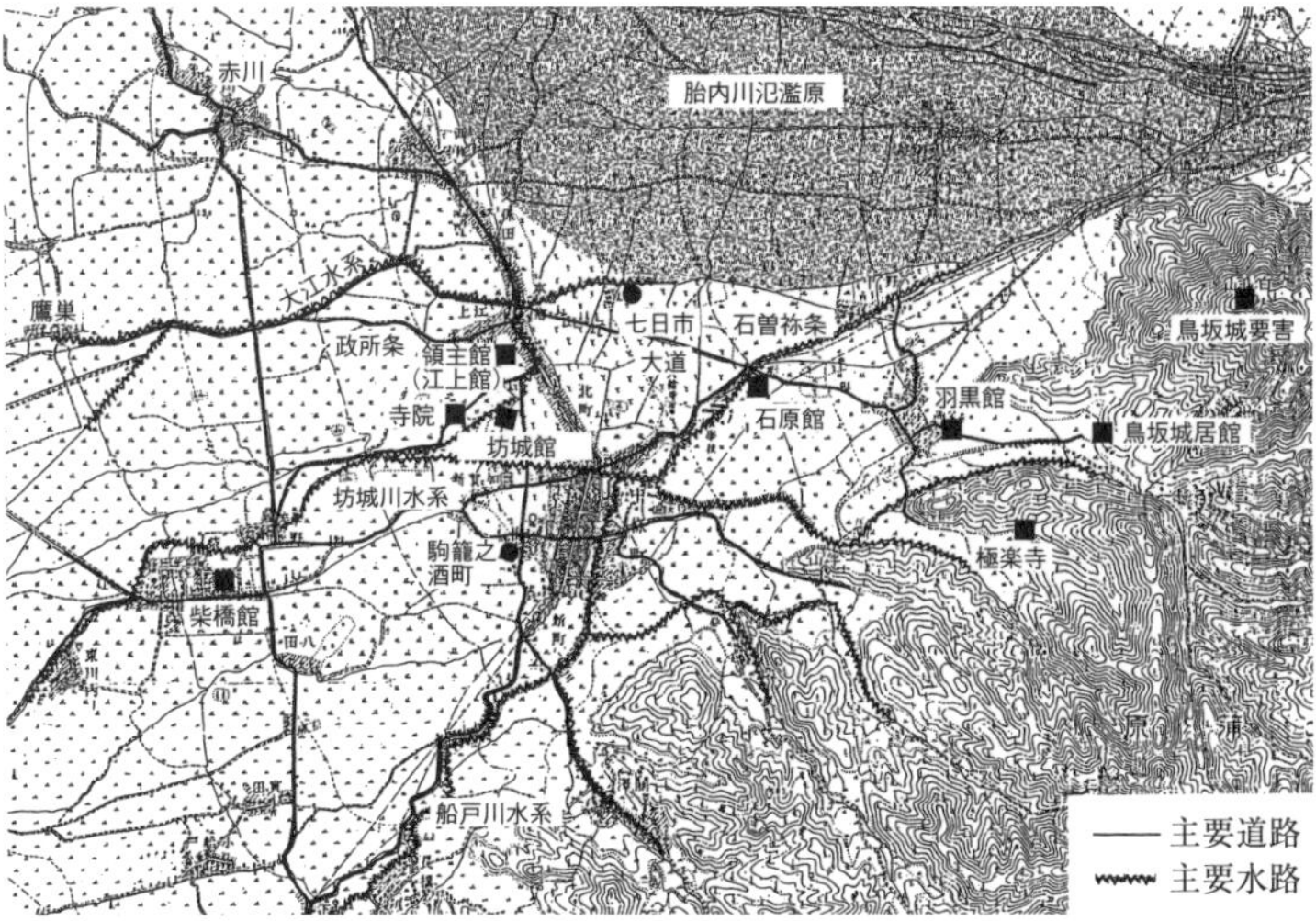

図16　奥山荘中条中心部

〇～四〇〇〇メートルの江上館へと拠点を移すことで、二水系を押さえるとともに、庶子家である羽黒家の所領である羽黒—鷹巣間のルートへ圧力をかけるといった眼目があったのではなかろうか。

なお胎内川は、十三世紀代にはすでに「たいない」川とよばれていた。『町史』では、「たいの」と読まれているが、漢字表記の太伊乃の「乃」は乃至《ないし》のナイであり、原文もつねに「乃」字を用いているので、「たいない」と読むべきである。

政所条付近の陸路は、南北幹線としては、坊城館から南方の駒籠の酒町を経て南条領へいくルート、赤川から柴橋を経て南条へいたるルートがある。東西幹線は、築地から鷹巣を経て江上館の北方を通過し、羽黒へといたるルート、塩津あるいは築地から柴橋を経て坊城館の南方を経て羽黒へいたるルートが考えられる。そして山際および砂丘際の幹線南北ルートへとつづく。それらは、小異はあるにしても、現在の国道・県道・市道に近いものがある。

　このうち、柴橋から羽黒へとつづくルートが、鎌倉期の「大道」にあたり、江上館築造以後、とくに鳥坂城が維持されはじめる十五世紀半ば以降は、築地と羽黒を結ぶ北の直行道路が重要性を増したものと思われる。

1　政所条遺跡群の概要

政所条遺跡群は、史跡奥山荘城館遺跡の江上館およびその西~南方にかけて所在する坊城館を含む下町・坊城遺跡の総称である。立地は、扇状地端にあたり、荘園内流通の要の位置を占めていたと考えられる。

　発掘調査は、史跡整備にともなう調査を含めて一九九一（平成三）~一九九九（同十一）年、さらに二〇〇三（平成十五）年と足掛け十年に及び、現在は江上館跡が史跡公園としてオープンしている。

　以下、地点ごとに概要を説明する。

江上館跡　最も北に位置する江上館は、十五世紀代の武家居館であり、鎌倉御家人の由緒をもつ三浦和田一族の中条本家が居住者と考えられる。詳しくは、第Ⅷ章で述べるので、ここではごく簡単に概要を述べておく。

　立地は、標高約一八メートルの扇端、段丘低位面に築かれており、ほぼ一町四方の主郭と、その南北に附属する郭からなる（図18）。

　主郭のプランで特徴的なことは、北方の虎口部分を北に張り出させていることで、それにあわせて土塁も北方へ屈曲させている。虎口は、南北二カ所に開かれており、最終段階ではともに折れをともなう。主郭をめぐる水堀は、平均一五メートルほど

図17　政所条遺跡群

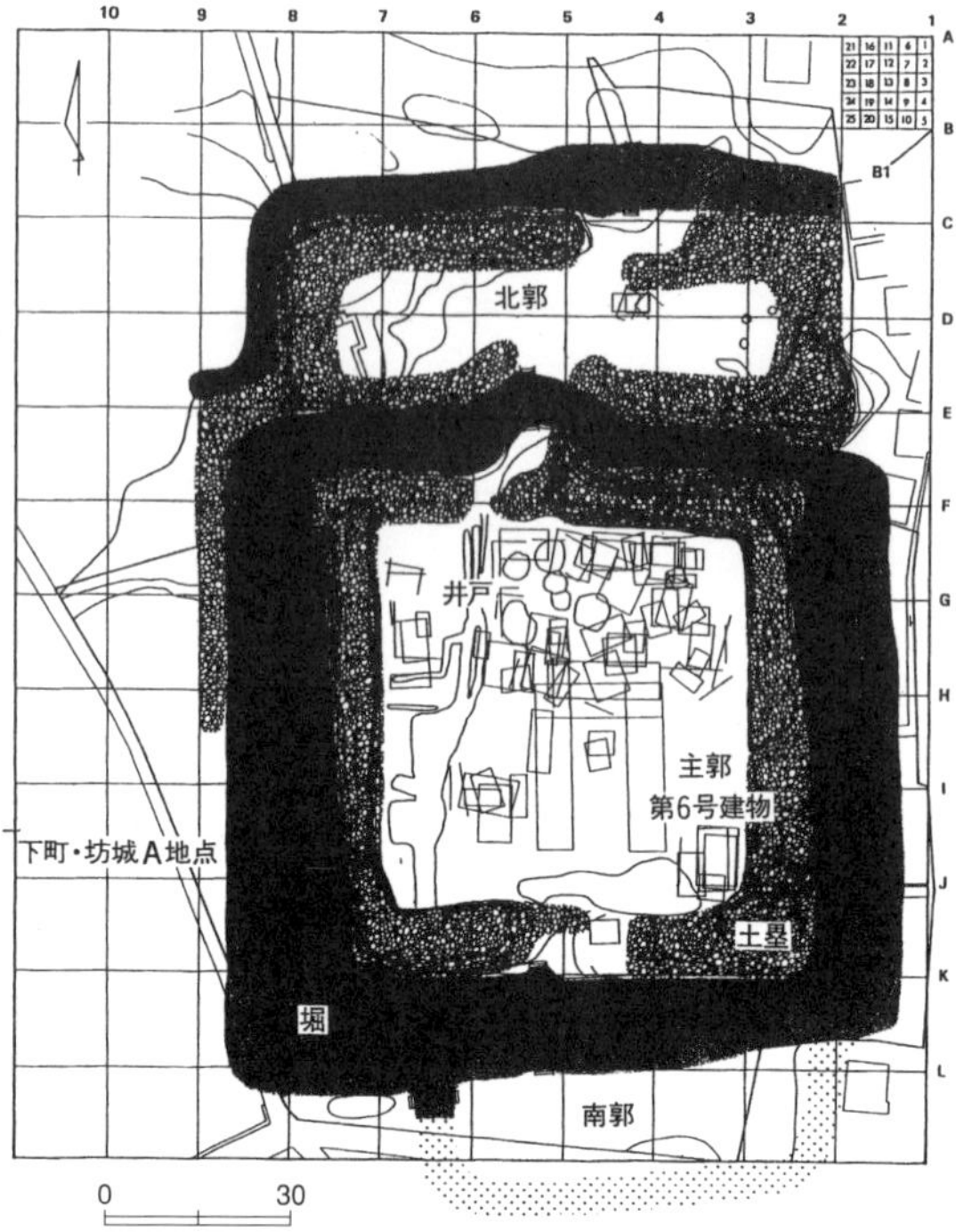

図18　江上館跡

で、南西隅がやや広く穿たれている。ただし深さは、最も幅の狭い北方の虎口脇で二メートルを越えているものの、概して一メートル前後と浅い。遺物は、十三〜十五世紀に生産された中国産陶磁器や珠洲焼等が大量に出土しているが、主体は十五世紀代にある。注目されるのは、越後北部の阿賀北の地に京都系の技法でつくられた土器がまとまって出土したこと、青白磁梅瓶、黄褐釉四耳壺、李朝粉青沙器梅瓶、多数の中国天目茶碗、瓦器、信楽壺等の娯楽・儀礼・室礼関係遺物の出土である。

北郭は、元来居住区であったが、遮蔽施設が塀から土塁へと整備される段階で馬出しへと性格を変えている。その時期は、石組側井戸の存在から最終段階に近い時期と考えられる。

南郭は、馬出しの役目を果たしていたものと考えられる。また、主郭から橋をわたった地点に石敷の遺構がみつかっており、橋に関連する遺構と考えられる。

このように本館は、郭配置や建物構成・遺物のグレードからみて国人領主クラス以上の居住者が想定でき、歴史的地理的環境から考えると中条本宗家が本拠を構えていたと思われる。

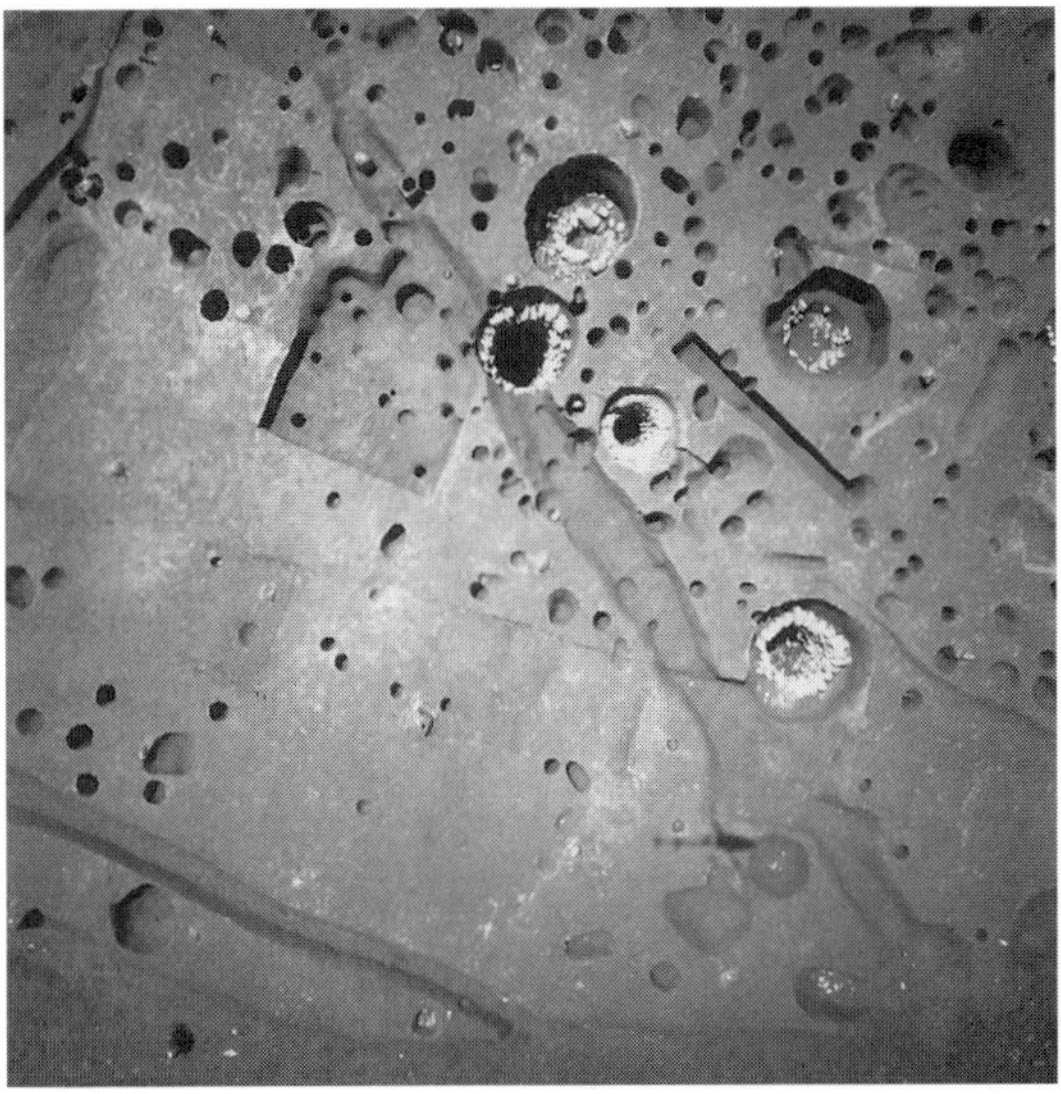

図19　下町・坊城遺跡A地点南東隅井戸・竪穴建物

なお江上館は、史跡奥山荘城館遺跡の一として整備が進められ、二〇〇二（平成十四）年度より史跡公園として公開されている。

下町・坊城遺跡A地点

本地点は、江上館の西方に隣接する調査区である。すぐ西側には、四〇×三〇メートル程度の溝に囲まれた石組井戸をともなう屋敷地二区画などがみつかっている。時期的には、十三～十五世紀代を中心としたものである。遺構は、掘立柱建物八四棟・竪穴建物二棟、井戸一七基に上る。また、両屋敷の間および南屋敷の東方には、道路跡も認められた。これらは館との位置関係から、十五世紀代段階では家臣団の屋敷地と考えられる。なお井戸は、ほぼすべてがなんらかの施設をともなうものであり、領主館とくらべても遜色のない側石組等、円礫を多用したものが多い。また本地区は、江上館の廃絶後の十六世紀末～十七世紀代にも唯一利用が認められ、越中瀬戸や肥前系陶器の良好な資料が出土している。

　そして屋敷地のさらに西方の地点には、十二〜十三世紀代を中心とする遺構・遺物がみつかっており、伏流水が自噴しはじめる水源地（川跡）より多量の遺物群が出土した。ここからは、白磁水注・碗皿、青磁碗皿、青白磁合子、珠洲、土器等の陶磁器類とともに多量の木製品が出土した。木製品には、十一世紀以降の漆器椀皿、鍬、下駄、槽、札、櫛、火鑽板等の生活用具のほか、大量の付木や鏑、陽物、刀形、鳥形等の形代も含まれている。また、漆器皿の荒型や糸巻といった生業関連の遺物も出土しており、注目される。

下町・坊城遺跡B地点

　同B地点は、A地点の南西に位置しており、約五〇メートル四方の溝に囲まれた区画が南北二区画みつかっている。遺構は、掘立柱建物五八棟、井戸二基を確認した。

　時期的には、北方では古代の遺物密度が高く、中世の遺構は多くない。ただし、不整形の土坑から八点の墨書礫が出土しており、内二点に天文十八（一五四九）年・元亀三（一五七二）年の紀年銘が認められた。前者には「光明真言（梵字）」「七廻忌」（図20）が、後者には「南無大師遍照金剛（金剛名号）」が墨書されている。

　南方は、十五世紀代が中心で、五〜七寸の柱根を多く残す三間×七間の身舎に四面廂を有する東西棟建物（九・八メートル×一八メートル、総床面積一七六・四平方メートル）がみつかっている（図21）。この建物の周囲からは、護摩杓（大杓）、石製・土製護摩炉、金剛鈴、荘厳具の一部、五輪塔火輪などが出土しており、密教寺院の御堂と考えられる。そして、北側に石組をともなう水溜め状遺構（図25）が設けられており、南方を中心に比較的大型の建物などが確認された。また、御堂と前後して、方形溝に囲まれた仏堂かと考えられる遺構も確認されており、少なくとも館の存続期間には宗教空間として機能していたものと考えられる。なお、仏具以外の遺物には、江上館にも劣らない高級陶磁器（図24）や茶臼、楪子（皆朱漆器）といった領主階級のステイタスが認められ、館と密接な関係

図20　下町・坊城遺跡Ｂ地点北区出土光明真言墨書礫（天文18年銘）

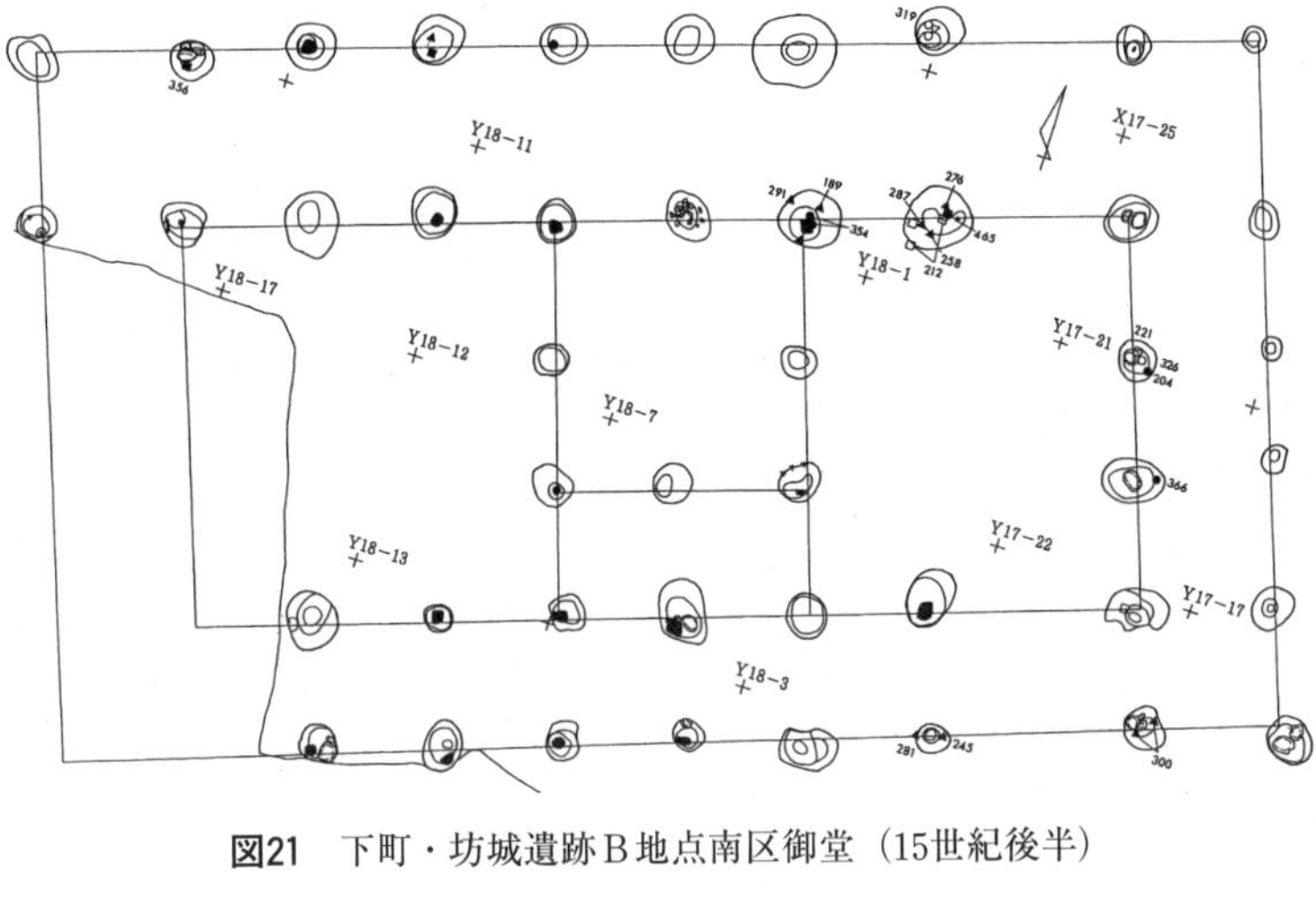

図21　下町・坊城遺跡Ｂ地点南区御堂（15世紀後半）

図22　下町・坊城遺跡Ｂ地点出土密教法具等

図23　下町・坊城遺跡Ｂ地点出土土製護摩炉

図24　下町・坊城遺跡Ｂ地点出土青磁太鼓胴盤・水注等

図25　下町・坊城遺跡Ｂ地点御堂北石組水溜

図26　下町・坊城Ｃ地点漆絵漆器椀出土状況

にある寺院と考えられる。

下町・坊城Ｃ地点

江上館の西南約四〇〇メートルのＣ地点では、Ｌ字形に流れる川の両岸および南方を区切る川の北方に立地した居住地がみつかっている。時期的には、十三〜十四世紀代が主体であるが、十二世紀以前の遺物や川の埋没後に営まれた十五世紀代の遺構・遺物もかなりの量が出土しており、中世を通じて生活が維持されていたものと考えられる。

遺構は、掘立柱建物一〇七棟・井戸二二基等があり、南西隅では十五世紀代に川を礫や枝で埋め立ててつくった道路敷もみつかっている。なお本地点では、石組側をもつ井戸はみつかっていない。

本地点を特徴づける遺物は、大量の土器皿と漆器である。土器皿は、当該期の遺物の過半を占めており、越後では特異な組成である。これは、瀬

図27　下町・坊城遺跡Ｃ地点木側井戸

図28　下町・坊城遺跡Ｃ地点川跡木製品出土状況

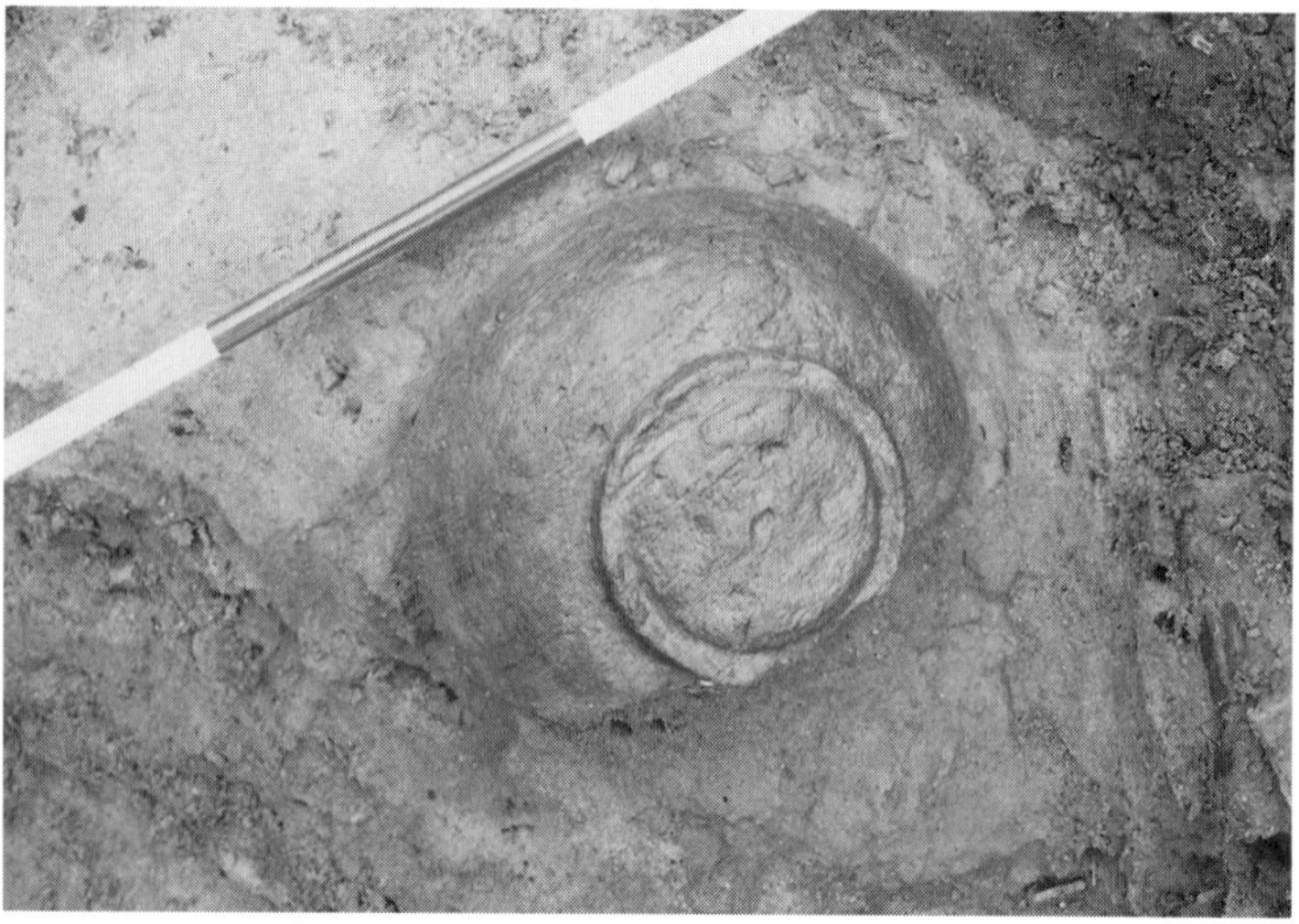

図29　下町・坊城遺跡Ｃ地点川跡木地椀出土状況

図30　下町・坊城遺跡Ｃ地点出土漆器

図31　下町・坊城遺跡Ｃ地点木棺墓

戸美濃巴紋瓶子・水注、青磁大型香炉・双魚紋皿、青白磁、緑釉盤等の高級陶磁器とともに遺跡の性格を物語っている。ただし北隅では、小鍛冶の炉跡もみつかっており、職人の存在も認められる。そして二条の川跡からは、大量の焼物とともに呪符・下駄等の木製品が出土している。なかで

図32　下町・坊城遺跡Ｃ地点土坑墓出土漆器

も注目されるのは、一五〇個体を越える漆器である。種類には、椀・皿・盆等があり、白木の椀・皿も三〇個体を数えた。そのほとんどが総黒色系の製品であるが、二割ほど漆絵を有するものもある。これらにより、当時における木製食器の重要性が明らかとなった。

なお本地点は、潟から上がってきた物資の荷揚げ場であり、市庭の空間にあたるものと思われる。大量の遺物が出土し、かつ土器を使う環境にもあり、次のD地点と密接な関係にあった場であった。

下町・坊城D地点（坊城館）

二〇〇三（平成十五）年度の発掘調査で、北方から鎌倉時代の屋敷跡がみつかり、さらに確認調査によって区画溝の範囲を追跡したところ、南北六〇メートル強で東西六〇〜八〇メートルの屋敷地であったことが判明した。西辺には、数条の南北溝が存在しており、屋敷の西側の区画は時期によって異なる。建物は東寄りに集中していて、同じ場所に何度も建て直されており、四〜五カ所のまとまりがある。これらのほとんどが総柱建物であり、鎌倉後期のものである。したがって、波月条近傍絵図に描かれた領主屋敷に相当する建物と考えられる。なお西側には遺構が少なく、広場的な空間であったと考えられる。

詳細な遺構変遷については、報告書をご覧いただきたいが、ここでは二棟の大型建物（図34）を紹介しておく。

第六三号建物は、西よりの二カ所を除いて総柱となる。総床面積は、九五・七平方メートルを測る。身舎部分は三部屋で、柱間二・一メートル間隔、南北に縁が付き、二・〇メートル間隔の寸法で、北東隅の柱がない。主要な南北の柱通りおよび南縁の柱穴に土器を、身舎西よりの二柱穴には鏃および苧引金を入

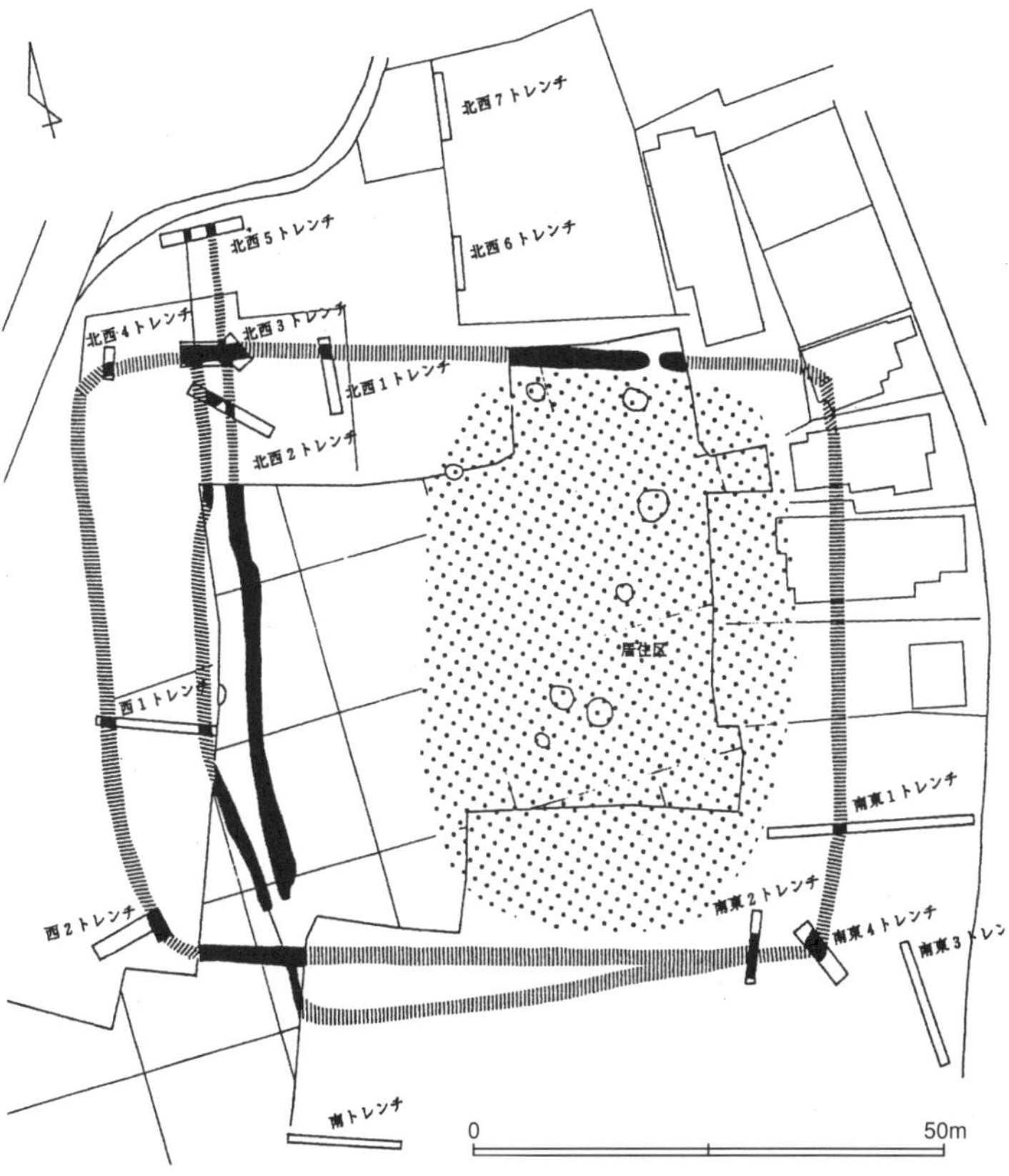

図33　坊城館全体図

れていた。なお、この部分では、ほぼ同構造の建物が同じ場所に何度も建てられており、注目される。

第七五号建物は、三間×二間の身舎南辺よりL字形の回廊が東へ、そして北へと延ばされている。身舎は総柱で、南が二・五メートル、北一間が三・六メートル、東西は二・四メートル間隔である。北および西に縁が廻る。回廊は、一間二・五メートル幅で、南辺が七間一六・八メートル、東廊が二間六メートルである。身舎と東廊の間には、東西七・二メートル×南北六メートルの空間があり、中庭と想定される。建物部分

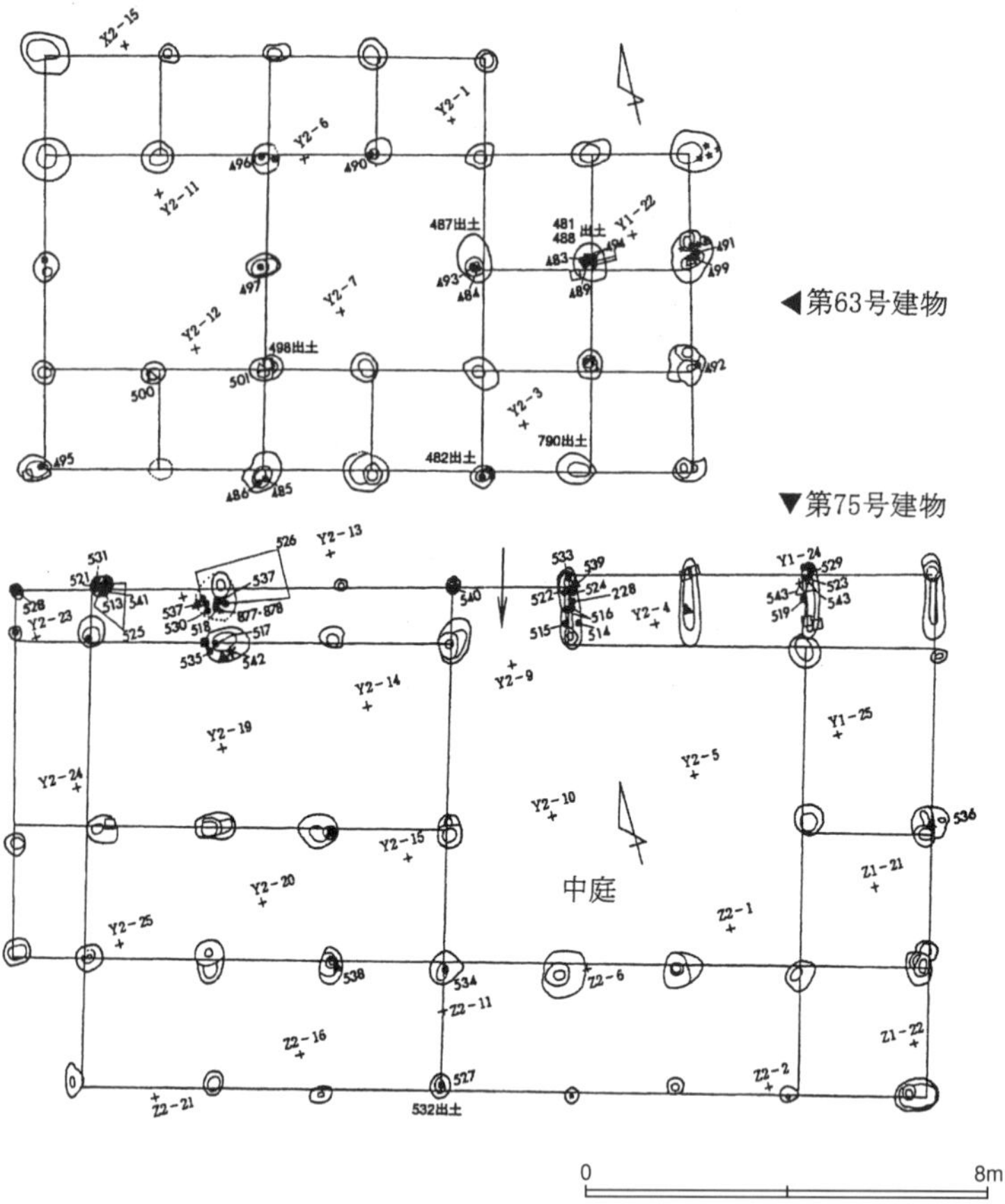

図34　坊城館主要建物

の総床面積は一一六平方メートルで、中庭部分を加えると一六〇平方メートルほどになる。また、東廊北端から身舎北縁にかけて長さ一四〇センチ、幅三〇センチ、深さ五〇センチほどの細長い穴が二・四メートル間隔で四列掘られており、両端の遺構底面にのみ柱穴が認められる。これらを塀の基礎と考えると、その西端と身舎北縁の間二メートルが出入口である可能性が高い。遺物は、北縁中央の穴より銭七枚がまとまって出土したほか、北縁東端の穴

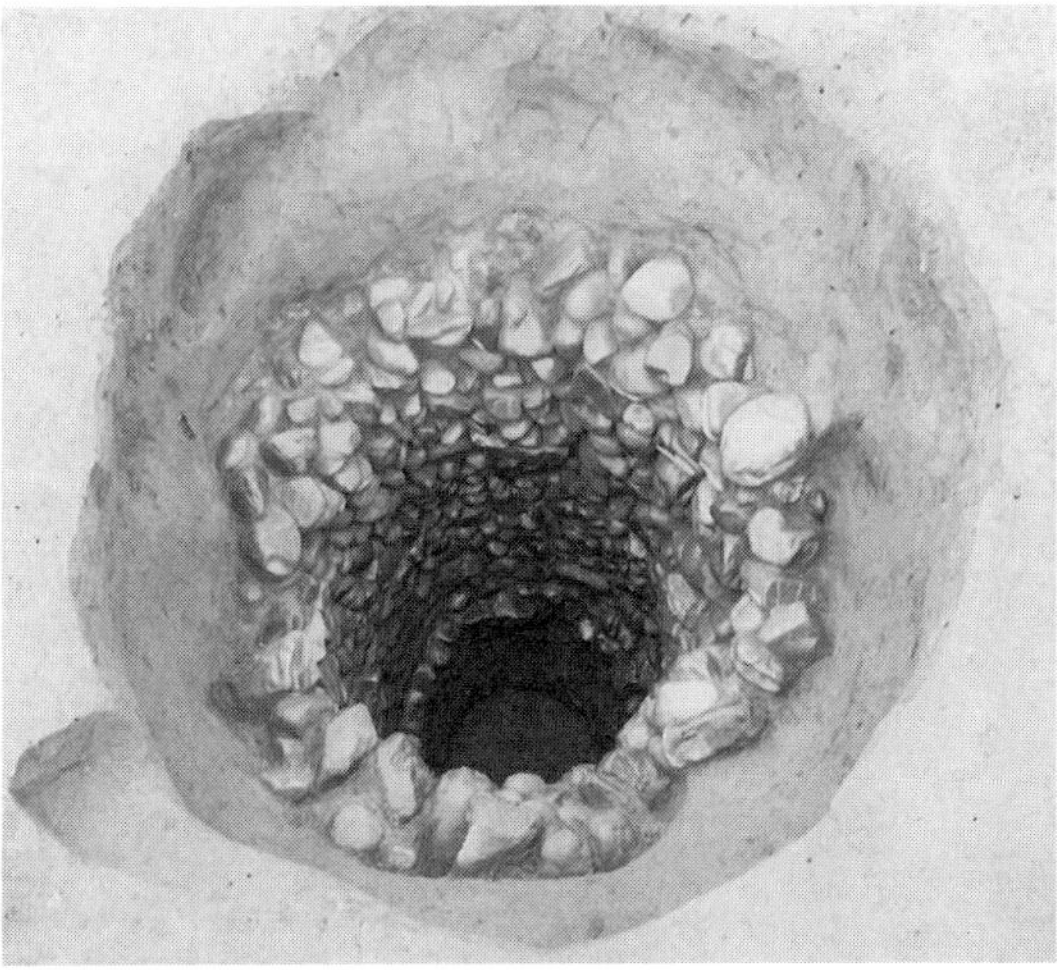

図35　坊城館跡石組側井戸

から山茶碗が出土するなど、北辺のピットより出土した遺物が多い。

井戸は八基以上みつかっているが、そのなかに石組側をもつ井戸がある。北陸では基本的に十五

図36　坊城館跡南東溝土器等出土状況

図37　坊城館跡出土土器

図38　坊城館出土青磁碗

世紀代にごく部分的にみられるようになるが、ここでは十四世紀前半代に現れていることが注目される。金沢でも近年、鎌倉以前にさかのぼる例が確認されており、古い時期にも畿内からの部分的な技術導入があったと考えられる。

なお越後では、石組側井戸自体が非常に少なく、政所条遺跡群以外では、上越市域のいくつかの遺跡をあげられる程度である。

遺物は、館の北側を中心に手づくね成形の土器が大量に出土している（図36・37）。鎌倉時代にかぎると土器の占める比率は、九五％以上と圧倒的である。ただし、青磁・白磁も多数認められ、珠洲陶の他に笹神陶も出土している。また、長崎産の石鍋や東濃系山茶碗・皿も数点出土しており、これは北東日本海沿岸地域の中世前期の領主居館から共通して出土する希少遺物である。

以上の発掘状況から、本屋敷は鎌倉後期の地頭屋敷であると考えられ、江上館跡との関係で非常に重要視されることから、開発区域からの除外が実現し、二〇〇六（平成十八）年一月二十六日に史跡に追加指定され、保存されることとなった。

なお他にも、十五世紀以降の遺構として、館の西側から竪穴建物三棟および石組側をもつ二基の井戸などがみつかっており、注目される。

2　遺跡群の変遷

遺跡変遷1

十一〜十二世紀。A地点では、川の周囲に小規模な建物が点在する（次期も同じ）。C地点では、北方に溝があり、その南方に建物が認められる。本来、溝の北方に中心があったと思われるが、近世の川によって壊されている。D地点でも、北方で小規模な建物群がみられるようになる（次期も同じ）。

遺跡変遷2

十三世紀前半。B地点は、川の南北に小規模な建物群。北方には、道路と思われる並行溝が認められる。C地点では、川の東西に建物が多数建ち並びはじめる。とくに西方で縦長の南北棟が並び、溝で画されているのが注目できる。また、埋没した川の北方の東

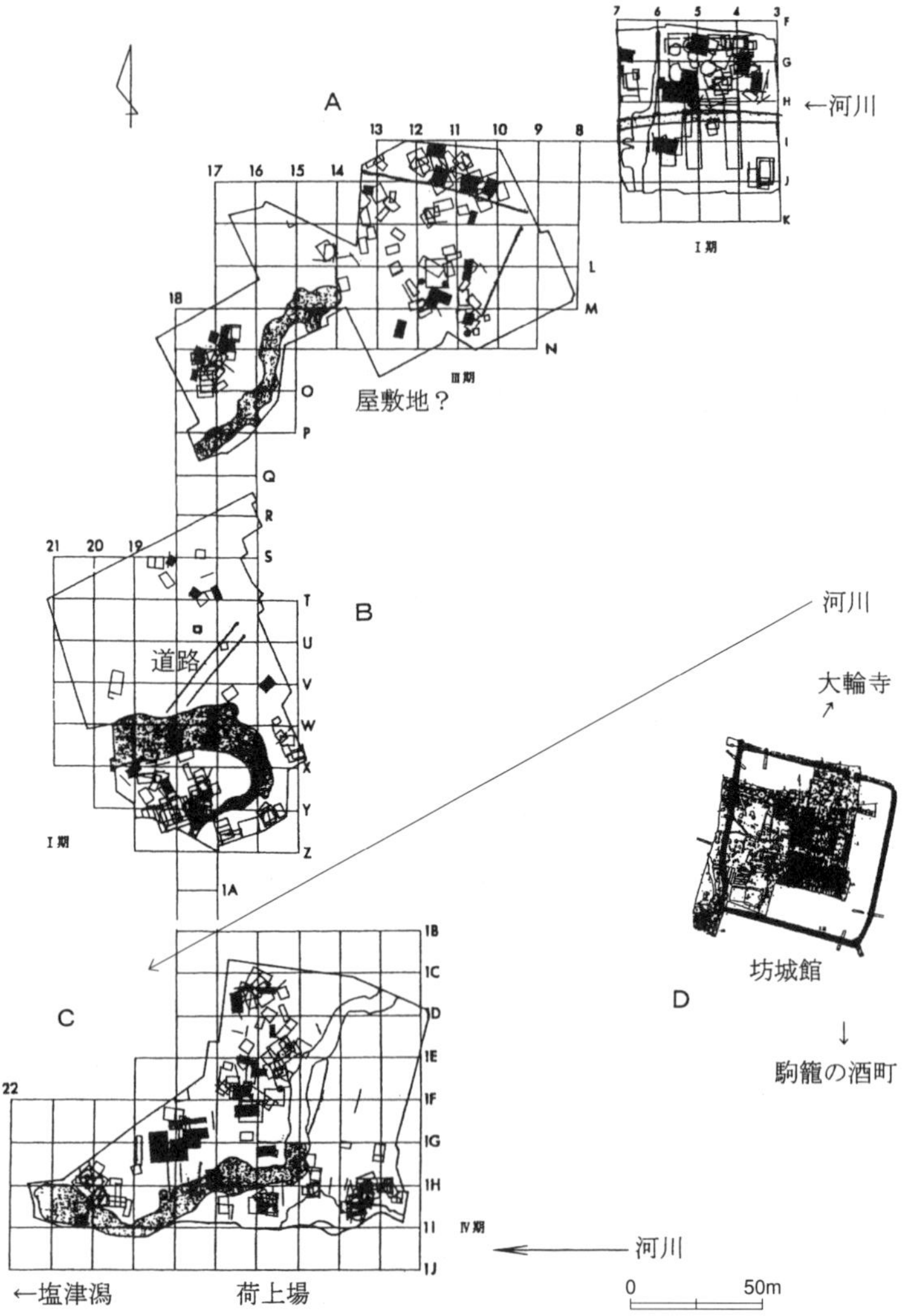

図39　坊城館遺構変遷図 3

側に溝が穿たれ、建物を復原できなかったが、遺物の分布状況から溝の東方に居住域が広がっていた可能性が高い。

遺跡変遷3　十三世紀後半〜十四世紀前半。江上館は、後に館となる地点の東西方向に川が流れ、その南北に建物が展開しはじめる。

A地点は、東方に溝に画された空間が認められ、調査区全域に建物が広がる。青磁劃花紋が鎬蓮弁紋より多いことから、部分的に前代に含まれるものがあるものと思われる。B地点は、ほとんど停滞している。C地点は、旧川の西方に遺跡が展開する。手づくね成形土器が多数川跡に投棄されている。D地点は、溝に囲まれた屋敷地（坊城館）が営まれ、大型の総柱建物が複数配置される。北方を中心に大量の手づくね成形土器が廃棄されている。最終段階では石組側をもつ井戸がともなう。地頭屋敷と考えられる。C地点とともに、最盛期を迎える。

遺跡変遷4　十四世紀後半〜十五世紀初頭。江上館は、館の体裁をなしていたかどうかは不明瞭であるが、D地点の坊城館が廃絶した後に本拠を移動した可能性がある。

A地点は、川がほとんど埋没し低地となっており、その東西に屋敷地が認められる。B地点も川はほとんど埋没し、その南方にいくつかの建物が建てられている。C地点は、やや北方に建物が集中するが旧川の南方・東方にも居住域が広がる。D地点は、屋敷地が本期間内に廃絶し、居住地の中心が南西に移る。

遺跡変遷5　十五世紀前葉（瀬戸後Ⅲ期）。江上館は、館の原形ができあがった時期である。西よりに以後館の廃絶時まで維持される水溜と南北方向の区画溝が穿たれる。これはおそらく、応永の大乱（一四二六年）後の居館整備を意味するのであろう。したがって、本期以後この地点が中条の中心となる。

A地点には、溝に画された三〇《メートル》×四〇《メートル》ほどの屋敷地が二区画設けられる。きっちりと東西南北に土塁が築かれている江上館と方位は一致していないが、その後も一致することはないので、本地点にはそのような地割りがあったと考えられる。B地点は、区画溝に囲まれた屋敷地が認められる。南方には、溝に囲まれた小規模な堂がつくられる。C地点は、前代の居住域を踏襲して五カ所ほどのまとまりをなしている。東端に南北道が走る。D地点は、旧屋敷地の南西方に溝に区画された屋敷地が営まれるようになる。

遺跡変遷6　十五世紀中葉（瀬戸後Ⅳ期古）。江上館に確実に堀・土塁がともない、それが本期のうちに大規模に拡張され、最終的な規模となっている。最盛期には、郭内が塀によって南北に仕切られ、南方が晴れの空間、北方が日常空間と使い分けられている。また、南方土塁際には、池状の遺構がつくられ、その前方（北）に主殿級の大型建物が設けられている。現在、江上館は、この時点の姿で史跡整備を行っている。

A地点では、四カ所以上の屋敷地が認められ、位置関係から上級家臣団の屋敷地と思われる。B地点は、南方の五〇《メートル》四方の屋敷地に建物が集中する。出土遺物から密教寺院と考えられ、館の整備と軌を一にすることからみて館と密接な関係にある寺院と考えられる。また、北方西側に道路が認められる。C・D地点は、前代の流れのうちにある。

遺跡変遷7　十五世紀後葉（瀬戸後Ⅳ期新）。江上館は、最終段階である。建物は、わずかに残っている程度となる。そして、本期の

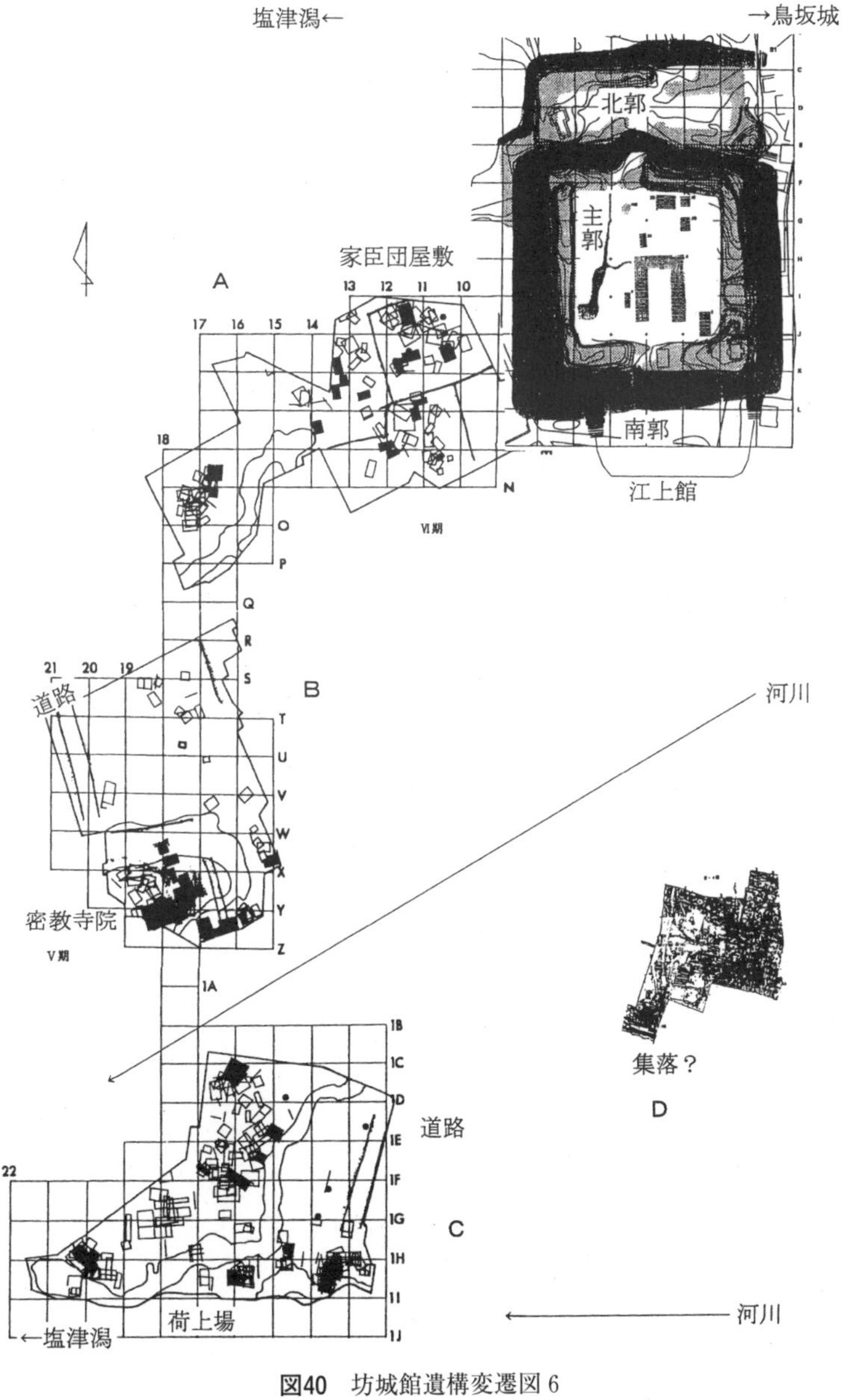

図40　坊城館遺構変遷図 6

うちに、本拠が鳥坂の地へ移る。

A地点は、前代の屋敷割りを踏襲している。B地点は、屋敷の区画が変わる。寺院は一部の機能を残して、館とともに移ったと考えられる。C地点は、居住域が南方に移る。細かい屋敷割りが認められる。とくに南東隅の重複が激しい。D地点は、C地点寄りの南方に居住区が移る。

遺跡変遷8　十五世紀末〜十六世紀（瀬戸大窯期）。江上館・A地点では、本拠の移動にともない遺跡は途絶える。B地点は、小規模な建物が残るのみであるが、北方には墓が認められ、十六世紀後半の紀年銘を含む墨書石が八点出土している。C地点は、前代の屋敷割りを踏襲しており、館の移動後もあまり影響を受けなかったようである。D地点は、最も南方に石組側をもつ井戸が認められる。
以上に述べてきたような1〜8までの変遷から、南方の坊城館より北方の江上館へと十五世紀前葉に本拠地を移したことがわかるが、そのねらいは有力庶子家である羽黒家を牽制するとともに、もう一方の有力庶子家であり内水面を押さえる砂丘側の領主築地家との連携強化という直接的な眼目がうかがわれる。きたる戦国期居城の鳥坂城への胎動を準備したものと評価できよう。

3　遺物量からみた政所条遺跡群

ここでは、右でみてきた遺跡の変遷の裏づけとなる遺物量を提示し、他遺跡との比較を行う。表1は、中世遺跡の指標となる青磁の破片数を地点ごとに示したものである。

青磁劃花紋は、三浦和田氏が本格的に入部してくる以前の状態を示すものである。下町・坊城遺跡A・C・D地点は、一定程度前代の支配階層で

表1　政所条遺跡群青磁組成表（破片数）

調査地点	江上館	下町A	下町B	下町C	下町D	合計
調査面積	5,830	8,826	7,682	8,979	4,220	35,537
劃花紋	28	127	18	135	44	352
鎬蓮弁紋碗	11	50	23	341	108	533
端反以後碗	1,036	231	268	656	138	2,329
碗以外	277	22	77	261	26	663
総破片数	1,352	430	386	1,393	316	3,877

表2　遺物組成表（破片数）

遺跡名称	下町D	下町C	江上館	朝倉館	藤島城	浪岡内館	根城本丸
調査面積	4,220	8,979	5,830	8,195	5,263	5,966	15,888
青磁	316	1,393	1,352	467	646	1,833	483
白磁*1	141	466	726	589	207	1,289	249
青花	23	164	87	480	244	1,182	226
中国鉄釉	6	66	189	26	不明	60	62
朝鮮	14	42	14	65	10？	13	12
瀬戸美濃*2	76	696	441	434	332	905	516
無釉陶器	1,008	3,898	4,108	3,249	1,703	989	603
瓦器	140	487	634	13	160	237	90
土器	5,299	13,022	4,445	56,342*3	338	0？	0

*1青白磁を含む　*2無釉を含む　*3堀分を含まず

ある城一族に関連するものである可能性が高い。

なお、劃花紋以前の白磁の点数を記すと、多い順にC地点一四三点、D地点六六点、A地点四六点となり、全体で二七〇点を越えている。ただし、D地点は北方の館部分に集中しており、密度ではC地点より濃くなることからすれば、前代の中心的な居住地に新たに地頭としてやってきた三浦和田一族が住まいを設けた可能性が考えられよう。それは、神仏・儀礼・心性といった前代の諸々のものを受け継ぎ、支配者としての正当性をも手中にするための手段であったと思われる。

次に、三浦和田氏が鎌倉での足場を失い、一族が在地領主として積極的に経営にかかわってくる鎌倉後期の状態を示すのが、青磁鎬蓮弁紋である。C地点が飛び抜けて多いが、D地点では高級器種の細高台（Ⅲ類）が半分を占めており、地頭館としての特徴を示している。

そして、中条家が庶子家の上に立つ端反碗以降の時期になると、江上館の出土量が群を抜くようになる。

次いで、青磁以外の遺物を含めて、他地域の遺跡との比較を試みたのが表2である。

下町Dは鎌倉後期中心で、下町Cも鎌倉に主体があるが十五世紀代にも継続する。江上館・出羽藤島城は十五世紀代主体、津軽浪岡・南部根城は十五～十六世紀、越前朝倉館は十六世紀代ということになる。

青磁・白磁は、中世後期、とくに十五世紀代に出土のピークをみる。表にはないが、津軽の十三湊遺跡からも大量の出土をみている。そして十六世紀には、減少傾向にある。

青花は、十六世紀代の遺跡が主体である。

中国鉄釉、その多くは天目茶碗であるが、これは多くが十五世紀に流通したものである。ことに江上館では、瀬戸・美濃よりも唐物天目の方が多く出土しており、注目される。

朝鮮陶は、中国天目と入れ替わるように十五世紀末頃より出土数が増え始める。しかし瓶・碗は少なく、皿が主体的である。

瀬戸・美濃は、日本海沿岸地域では、大窯1段階まで大量に出土するが、十六世紀中葉からまったく振るわなくなる。また、最も必要とされたのは、天目茶碗であり、北へいくほど、時期が下るほど、皿類の比率が高い。なお、一時期古瀬戸を多く出土する遺跡に特別な意味を認める議論があったが、私は古瀬戸が中国陶磁器の補完品であるという立場をとる。

重貨である国産陶器は、当然ながら産地から離れるにしたがって、少なくなる。

瓦器は、十五世紀代を中心に出土する。これは、唐物天目と同様の傾向であり、茶臼や茶入などの茶道具と組物として動いている可能性が考えられる。

土器は、前川要のいう〃方形居館体制〃と一体的な儀礼を受け入れた地域で必要な器であり、まとまった量は出羽以北から出土していない。

なお、漆器については、遺存状態に左右されるためC地点でふれたのみであるが、四柳嘉章によれば、その塗りによって居住者の階層を推定できる重要な遺物であり、忘れることのできない遺物である。

そして、D地点の鎌倉期の屋敷地である坊城館と、室町期の居館である江上館を比較したとき、土器をひとまず措くとするならば、おおむね十倍ほどの物量差が認められる。全体流通量の増加と富の集中がここからみてとれよう。

ここでは、比較的まとまった量の遺物を出土した領主階級の遺跡を比較したが、その他の性格をもつ遺跡と比較することによって、彼我の経済力の差がより明らかとなるはずであるが、別の機会に譲ることとする。

Ⅶ　南北朝動乱期の奥山荘

1　鎌倉後期の奥山荘

前章でみてきたように、揚北の領主たちの多くは、鎌倉幕府創設の功労者の子孫である。彼らは、祖先の勲功により、揚北の地の地頭職を得た。

奥山荘も三浦和田一族に伝えられ、和田合戦（一二一三年）・宝治合戦（一二四七年）を経て、嫡流が没落した後には、越後三浦和田家の一所懸命の地となった。

一二七七（建治三）年の荘域の三分後、地域ごとに独立した地頭として幕府から認知された。なお、奥山荘に三浦和田一族が本格的に移り住むのは、地頭請を実現した一二四〇（仁治元）年をそれほどさかのぼらないころからと思われ、建治分与の時点では一族が広く荘域に根を張っていたものと考えられる。

しかし分与後の鎌倉期における各家の歩みは険しく、文書の残っている黒川・中条では、所領の取り分をめぐって骨肉あるいは得宗権力との争いがつづいていたことがわかる。

黒川家は、所領の多くが鎌倉末期には傍系の海老名家に譲られており、残りの所領についても茂実・章連・茂長女子の兄弟姉妹が争っていた。

中条家では、訴訟にともない、茂明が一二九七（永仁五）年に中条相続分を取りあげられ、一三〇一（正安三）年には北条宗方に接近することによって返還を実現するが、その政争にかかわり一三〇五（嘉元三）年にはふたたび得宗領となるといったように、めぐるましい浮沈があった。

関沢家では、ほとんど文書が残っていないが、霜月騒動後に陸奥国標葉郡惣地頭職等を得るなど三家のなかで最も得宗勢力に近い関係にあったと考えられている。

総じて鎌倉後期には、関沢家を除いては得宗専制のあおりを受けて逼塞を余儀なくされていたといえる。

2　南北朝前期の奥山荘

そして鎌倉末期の一三三〇年代、阿賀北武士団のほとんどの惣領たちは、鎌倉北条（得宗）家に見切りを付けて、足利尊氏の下に各地を転戦していた。一三三三（元弘三）年の幕府滅亡前後、在地には新たな動きが生じていたのである。

彼らは、数十人の家の子・郎党を引き連れて、京都・関東あるいは九州まで、己が一族の命運をかけて戦場に臨んでいたものと思われる。越後に残された人びとは、戦費の調達に苦しみつつ、彼らの無事を祈っていたのであろう。しかも在地に残ったわずかな勢力である庶子家までもが、国大将あるいは守護の下、国内の戦闘に駆り出されるという状況にあったのである。

以下、鎌倉幕府滅亡以後の奥山荘各家の動向をみていこう。

　黒川家では、惣領茂実が尊氏に属して、京・鎌倉・越前などを転戦し、その地位を不動のものにしていく。それは、鎌倉北条家の後盾を失した海老名家の所領や対立していた弟章連とその母妙智の所領をあわせた一三四五（康永四）年～一三四六（貞和二）年にほぼ達成されたといえよう。また茂実は、一三三四（建武元）年以後、中条および南条内金山郷などの領有をめざす。これは、中条が得宗領であり、元弘没収地にあたるという主張の下に行われたものである。しかし、中条は翌一三三五（建武二）年中条家に安堵され、金山郷も一三五四（文和三）年以降最終的に中条家の下に落ち着くことになる。

　中条家もまた、惣領茂継が尊氏に属して京・鎌倉・駿河などを歴戦し、一三三七（建武四）年、弟の茂資に家を譲り、以後この家系が宗家を継ぎ、動乱を乗り切っていく。そして、近衛家の奥山荘雑掌や黒川家の干渉を排しつつ、阿波国勝浦山地頭職の維持にも努めている。そして、一三五二（文和元）年には豊田荘并小泉荘内一分方を、一三五四（文和三）年には重ねて豊田荘と先述の奥山荘金山郷を充行われている。

　なお、茂継の父茂明の弟の茂泰の系列（羽黒家）は、一三三六（建武三）・一三三七（建武四）年に奥山荘一分地頭と称して軍忠状を提出し、所領安堵を願っている。しかし、一三四七（貞和三）年にも重ねて所領安堵を訴えていることからして、ついに安堵の下文は発給されなかったようである。同じく一三四七年に出された黒川茂実の章連跡に対する安堵申請については、下文が存在することから敷衍すると、幕府の方で茂資の惣領権を認めていたため、庶子家には与えられなかったと考えておきたい。

そして、観応の擾乱後の一三五四（文和三）年以後になると、そういった状況がより明らかになってくる。それは、それまで国大将に従っていた庶子家の軍忠状に、「（惣領）の手に属し云々」という文言が付されるようになるのである。この頃になると、惣領のみが幕府に本領安堵を認められ、惣領家はそれを背景に庶子家を押え込んでいく方法を模索していたのではなかろうか。中条家では一三五六（延文元）年譲状（確実には、一三七五〈永和元〉年譲状）で、黒川家では一三五九（延文四）年譲状で、それまでの惣領制的分与から嫡子単独相続へと移行しており、庶子家を家臣に取り込んでいこうという動きが顕著になっていく。しかし中条家においてそれが達成されるのは、最大の庶子家である羽黒家を滅ぼした一四二七（応永三十四）年のことであり、永和からでも半世紀を経た時点をもって、ようやく国人領主化が達成されたということになる。

関沢家は、得宗に近かったため、元弘没収地となり、宗家は没落した。堰（関）澤条は、一三四四（康永三）年に三浦道祐に与えられている。しかし、南条祖義基の嫡子義章の弟義親（基連）の系列は、長橋・鱒河・二柳等を維持していたと思われ、三浦道祐の子孫が観応以来堰澤条・金山郷を義親の孫にあたる堰澤孫次郎が押妨していると訴えていることからすれば、非公式にせよ南条を押さえていたと考えられよう。そして関沢家は、応永末の大乱時についに守護の被官となる途を選び、在地から後退することになる。

3　残された「記録」

南北朝の動乱が収束に向かっていた頃、越後では守護上杉房方の四十年余に及ぶ在職が、その死によって終わりを告げ、新守護頼方と守護代長尾邦景との間で、争いが勃発した。これを越後応永の大乱という。

この折、中条房資は一貫して上位者である守護方に従い、忠節を尽くしている。そして、一四五四（享徳三）年、みずからの事跡を「記録」に留めた。本文書は、九五行にも及ぶ長文で、曽祖父茂資から祖父政資、父寒資の事跡を述べ、とくに自分が経験してきた応永の大乱を詳しく書き記しており、ここで逐一紹介することはできないが、ぜひ一読していただきたいと思う。ちなみに後に述べる宗教施設の多くは、本文書に代々の事跡として記されていたものである。

この間の動揺は、おもに将軍家と関東公方との争いに源を発しており、それが越後にも大きな影響を与えていたのである。しかし、考えてみれば、室町期を通じてその図式は変わることがなかったといえるが、中条家ではつねに守護寄り、ひいては将軍寄りの立場をとっていたといえる。対して黒川家は、たびたび中条家と対立をくり返し、相手側に組みすることになる。

4　板碑からみた南北朝期の奥山荘

ここでは、当時の石造物である板碑を取りあげ、右にみてきた状況が、どのように現れているのかをみていきたい。ただし、本地域の板碑は、わずかに年号が刻まれたものがあるのみで、ほとんど銘文が認められず、時期的な比定は、蓮台相から求めたものである。まず、本地域の板碑について概説しておく。

北東日本海型板碑　政治的な混乱期である南北朝期を中心に板碑が日本海沿岸地域に広がる。これらの板碑の多くは丸みを帯びた河原石を用いているが、板状の石材を用いる地域もある。いずれにせよ、武蔵型板碑とは同じ板碑という名前でよぶことも躊躇してしまいそうな不整形のものである。最も多いのは、河原石に種《しゅ》子《じ》のみを刻むもので、紀年銘等の銘文を刻むものは少ない。また、能登・加賀から津軽西浜を分布域として、時期的にほぼ十四世紀代にかぎられる。越後では、信濃川河口から一〇〇キロ上流の群馬県境近くの魚沼地域にまで同タイプの板碑がまとまって所在しており、関東圏の影響を受けているとはいえ、内水面交流を物語るものとして注目される。これらの造立年代は、鎌倉・奥州街道沿~太平洋岸地域の地域とくらべるとかなり始まりが遅く、かつ多くを板状につくる彼の地のものとは対照的である。ここでは、この時空のまとまりを有する板碑群を北東日本海型板碑とよぶ。

これらの板碑群は、北東日本海域に広く分布しており、その発端は最も古い紀年銘からみて能登半島に起源をもつものと考えられる。したがって、これらの板碑群は、関東の影響と畿内の影響が結びついて成立したといえるかもしれない。ただし種字相の違いから、おおまかにいって密教系の大日信仰から浄土系の阿弥陀信仰への流れがみてとれる。そして、南北朝期以降にかぎっていえば、造立者銘に「阿」号をもつものが多いことなどから考えて、浄土・時宗系の人びとが深くかかわっていたものと考えられる。時衆の商業的性格は、つとに指摘されているところであり、都市的な場と板碑造立の関係からも注目される。板碑の造立に際しては、非常な金銭的負担が必要であり、都市住民こそがその造立者にふさわしい。たとえば、奥山荘中条の「七日町」には、一四〇〇年前後に「道場」があったことがわかっており、規模の小さい町場においても宗教的空間が設けられていたことが知られる。

北条（黒川）領の板碑　黒川領の特徴は、まず偏在しているということがあげられる。高坪山系の海側の黒川条、高野、江端、山屋などの村々には皆無であり、多くが谷あいの村々に点在している。種子では、キリークが半数以上を占め（表3）、これは草水条内での在り方が大きくかかわっている。

この草水条には、全体の半数以上が集中しており、外画線を有するものの四基中三基が本条内の坪穴（二基）および須巻に所在している（もう一基は、平木田韋駄天山遺跡出土）ことも造立主体を考える上で注目される。

韋駄天山遺跡出土板碑は、外画線に加え月輪をも配する唯一の例で、石材もひとり緑がかった方柱状の安山岩を用いたものである（外は花崗岩）。しかし、キリーク種子に外画線および蓮弁上に線上の花弁を刻むという意匠は、須巻例に共通していることから、両者間の関係が推量され興味深い。

下館板碑は、阿弥陀三尊を三群刻む特異な遺例である。

大日関係は、坪穴の一基を除いて、鍬江条およびび関郷に所在しており、とくにバンは関郷の一基のみにかぎられている。

中条領の板碑　中条においては、羽黒の三基を除くほとんどが中条惣領家領に所在している。もちろん町場のものは、寺社に集められているものが多いが、政所条地内に多くが所在するものと考えられる。

造立時期は、種子相からみて南条よりやや遅い元弘～建武の一三三〇年代に始まったと思われるが、北条と異なって十四世紀後半に多くが造立されたものと考えられる。

表3　北条（黒川）領の板碑

下館（草水条）1 坪穴（草水条）7 須巻（草水条）2 山本（鍬江条）3（4） 上関（関郷）1 平木田（村上村）1 乙宝寺（荒井）3（4）	阿弥陀三尊三群1 キリーク6、アーンク1 キリーク2 阿弥陀三尊1、(阿弥陀三尊・イ1)、アーンク2 バン1 キリーク1 キリーク2（3)、阿弥陀三尊1
種子合計 18（20）	キリーク12、阿弥陀三尊関係3、阿弥陀三尊・イ1、アーンク3、バン1

＊地名は旧大字名、（　　）内は推定旧地名、数字は現在所在不明のものを加えた点数

表4　中条領の板碑

野中（石曾根条）(3) 4	阿弥陀三尊2、カ2
中条大輪寺（政所条）11（13）	キリーク3（4)、阿弥陀三尊1、バン5、ア1、ア・ウーン1、(サク1)
中条その外（政所条）14（16）	キリーク7（8)、阿弥陀三尊2、バン2（4)、アーンク1、アク・バン（アク・タラーク）1、バク1、
草野（柴橋）1	ア1
赤川2	バン2
築地1	キリーク1
鼓岡1	バン1
坂井（鼓岡）1	キリーク1
羽黒3	キリーク1、バン1、カ1
種子合計 38（44）	キリーク16、阿弥陀三尊4、サク1、ア2、アーンク1、ア・ウーン1、アク・バン（アク・タラーク）1、バン13、カ3、バク1

表5　南条（関澤）領の板碑

関沢12（16） 長橋5 船戸（鱒河）1 柴橋2 下小中山（金山郷）1 貝塚（金山郷）2 貝屋（金山郷）2	キリーク4（6)、阿弥陀三尊3（4)、バン4（5)、アーンク1 阿弥陀三尊2、アーンク・バク1、カ1、ウーン1 バン1 阿弥陀三尊1、バン・ウーン バン・三尊1 キリーク1、ア1 阿弥陀三尊2
種子合計 25（29）	キリーク7、阿弥陀三尊10、バン・三尊1、バン6、バン・ウーン1、ア1、アーンク1、アーンク・バク1、カ1、ウーン1

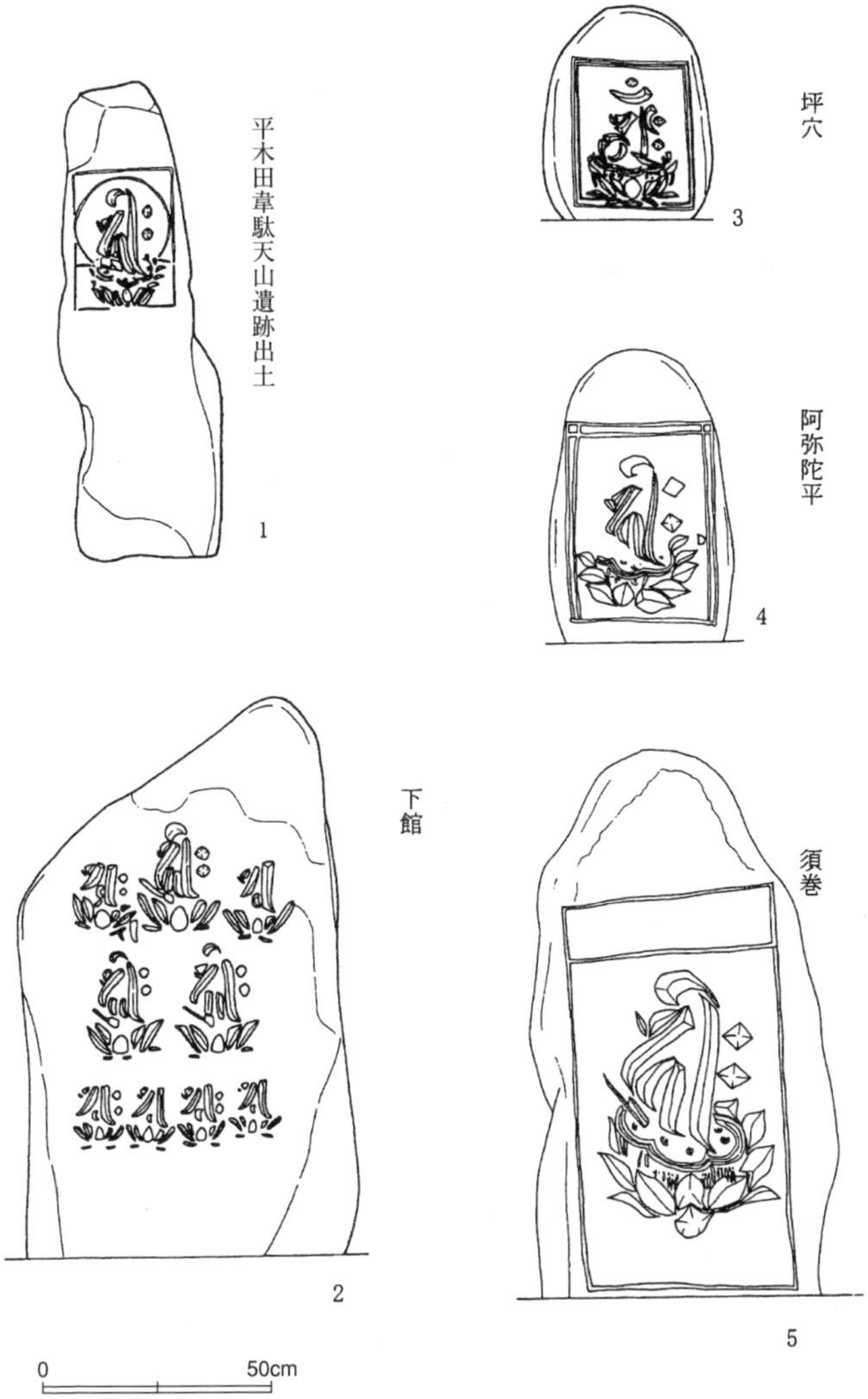
平木田韋駄天山遺跡出土
1
坪穴
3
阿弥陀平
4
下館
2
須巻
5
0
50cm

図41　北条の板碑

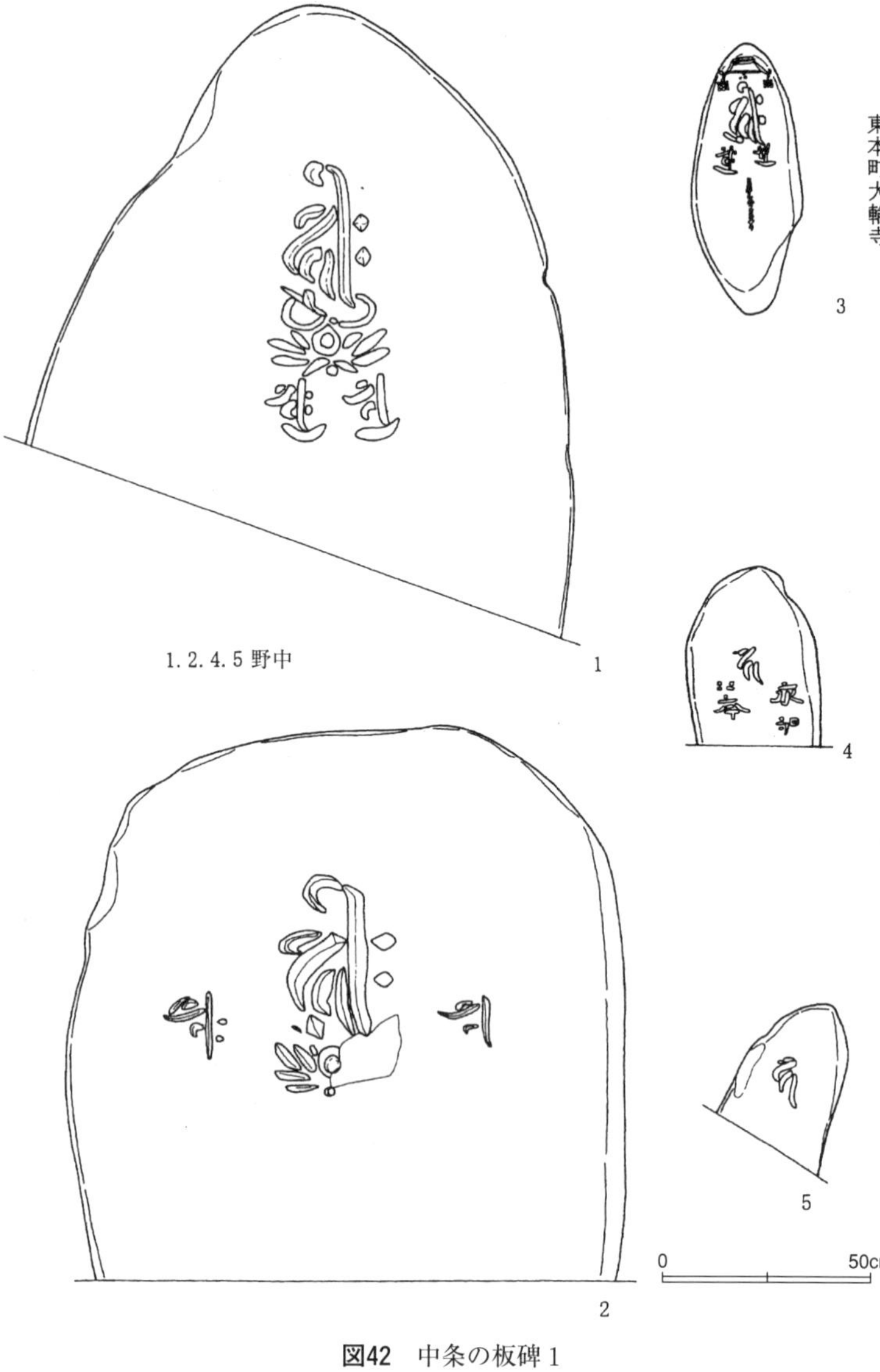

図42 中条の板碑1

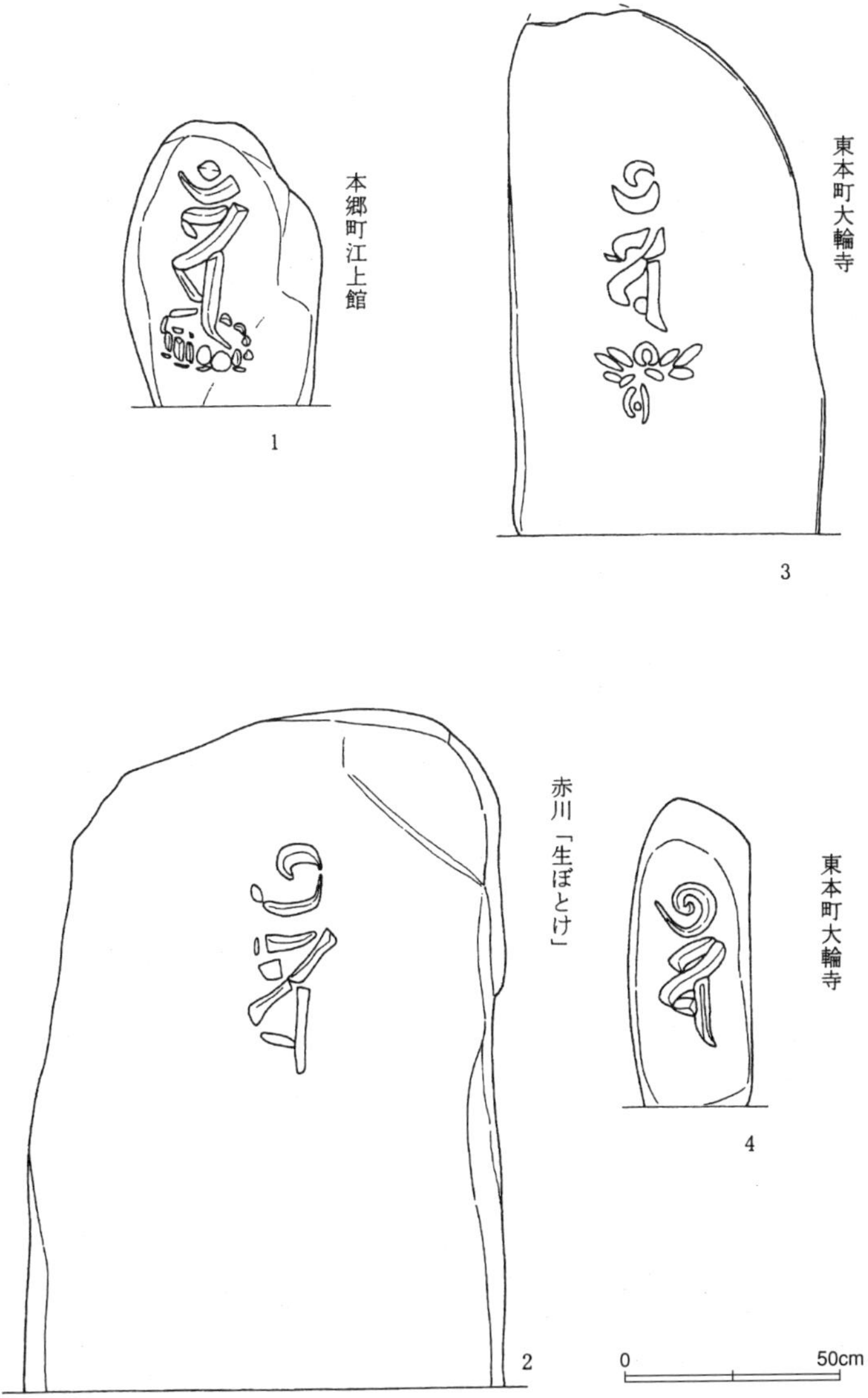

図43 中条の板碑2

種子は、キリーク、次いでバンが多い（表4）。また、胎蔵界大日（ア関係）の種類とほかの種子との組み合わせに特色がある。また、ほかの二地域に比して、大日関係の種子の比率が高いことがみてとれる。とくに、北条の金剛界大日如来信仰の薄さと比してそれが際立っている。

そして、北条や中条でのキリークと阿弥陀三尊の数量のアンバランスさからみて、同じ阿弥陀系とはいえ両者は同列に扱えないように思われる。今後、その違いを追究する必要を感じているところである。

なお、種子で経年変化を示すものとして、バンのアン点の変化がある。通常のバンに対し、アン点が「の」の字状につながっていくことがみてとれる（図43）。この手は、今のところ大輪寺と赤川にかぎられており、その関連性が注目される。また、北条・南条では確認できないことからみて、中条独自の造形である可能性がある。あるいは、他の二地域が中条よりも早くに造立が廃れてしまったことを意味しているのかもしれない。

また、十四世紀前半においては、花崗岩製品に年号を刻んでいるが、みづらかったためか、十四世紀後半に入ると紀年銘資料にかぎって、細工の容易な石材を選んでいることが看取される。そして、このうちの貞治五（一三六六）年銘板碑（図42―3）のみに天蓋が付されているのも同様の事情によるものであろう。

南条（関沢）領の板碑

南条の地頭関沢家については、金山郷を除けば文献がほとんど残っておらず、他の二家に比して不明瞭な部分が大きいが、板碑は比較的多くを残している。ゆえに板碑の占める位置が大きいともいえる。

種子からみると、阿弥陀三尊がキリークより多

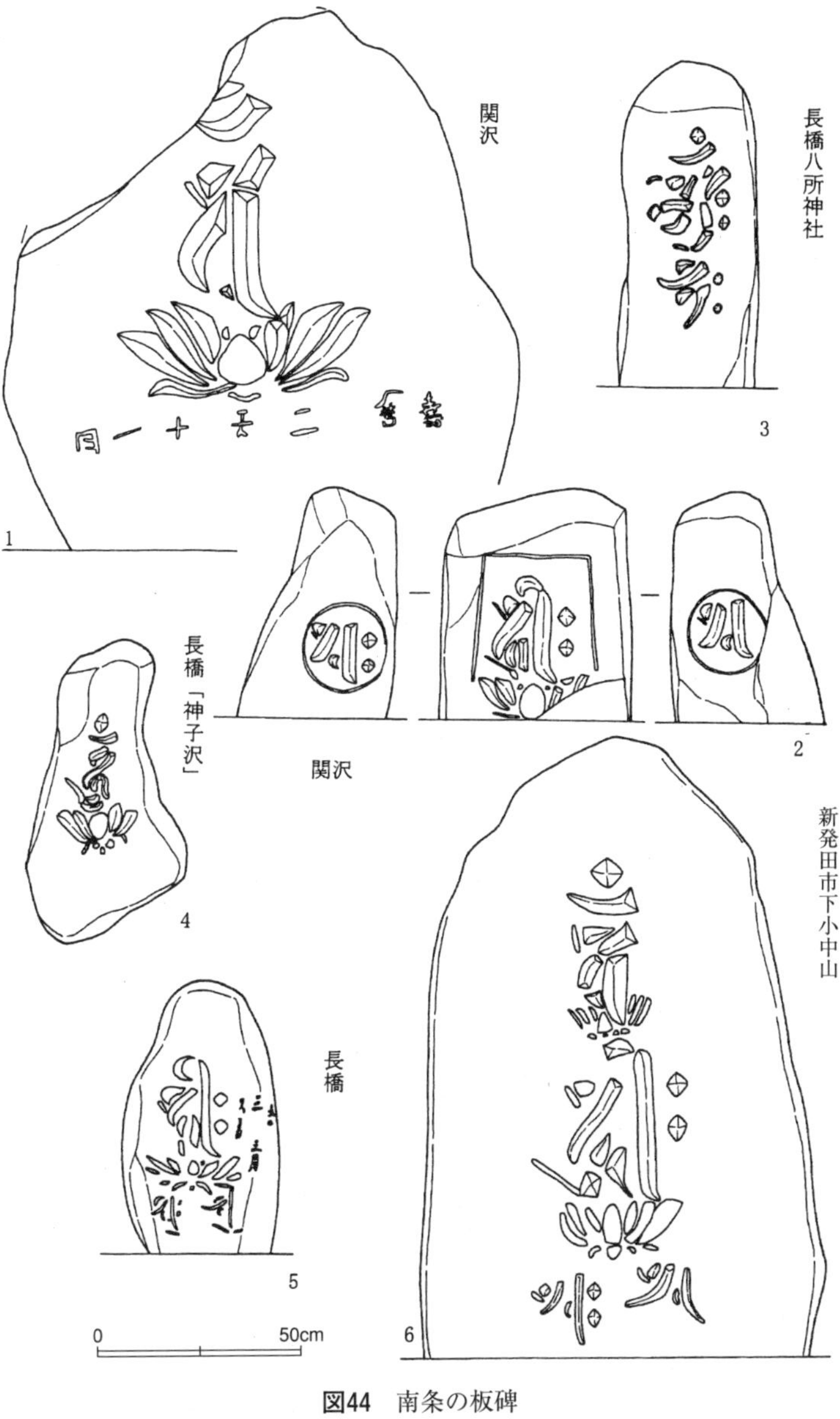

図44　南条の板碑

いことがまずみてとれる（表5）。そのキリークは、ほぼ関沢にかぎられており、南条惣領家独自の信仰形態であった可能性がある。ただし関沢には、阿弥陀三尊や金剛界大日も同数程度造立されており、キリークのみにかぎられていたわけではない。関沢における最初期の板碑は、元亨三（一三二三）年銘阿弥陀三尊（現在所在不明）、嘉暦二（一三二七）年銘バン、無銘アーンク（現在新潟市内に所在）と多様で、三面にキリーク・サ・サクの阿弥陀三尊を刻む荘内唯一の遺例も造立されている。そして、南条の半数以上が関沢に集中しており、それらのほとんどが鎌倉末期の所産と考えられることは、惣領家の動静を表しているようで興味深い。

　そのほかでは、アーンク・バク、バン・ウーンという特殊な二尊種子が存在することが注目される。また、長橋のウーン一尊種子は、荘内唯一の例である。

　金山郷では、下小中山板碑が一・五《メートル》に及ぶ大型品で、阿弥陀三尊の上にバンを乗せている。彫りが浅くけっして上手くはない書体であるが、蓮台相からみて嘉暦以後おそらく建武～貞和年間の南北朝初期の所産と考えられる。

　また貝屋の二基は、嘉暦前後の様相を呈しており、南北朝まで下がらないことから、造立主体は金澤称名寺の関係者である可能性もある。

板碑は何をかたるのか

　さて、このような領主層の動向のなかで、どのような契機で板碑が造立されたのかが、ここでのメインテーマである。まず、各荘域ごとの板碑の造立主体を確認しておこう。

　北条の場合、地域霊場である乙宝寺の数基および韋駄天山中世墓群（村上山）の一基を除いたほぼすべてが、茂実の実弟である章連の所領である

「草水条内」の栖巻・坪穴に所在している。章連は、一三三九（暦応二）年に男子なく没し、茂実は一三四六（貞和二）年にその跡を得ている。その後、黒川領内にほとんど板碑が造立されていないことからみて、坪穴や須巻の板碑は、章連およびその親族が関与したものと考えられる。このようにみてくると、下館の阿弥陀三尊三群板碑という特殊な板碑は、子の章連に先立たれた妙智が、章連と自分、そして亡夫兼連あるいは尼覚性、生蓮などを供養するために造立したものという可能性が考えられよう。

なお、右記の韋駄天山遺跡＝村上山は、奥山荘北条と荒川保の境付近に位置しており、荘保境が「村上山北麓与蓮妙之非人所南垣根之中間」を通ることから、奥山荘内に含まれることは明らかである。一九五四（昭和二十九）年に発掘調査が行われ、宝篋印塔一四基以上、珠洲壺製骨蔵器一一個体、板碑一基、層塔三基以上が出土しており、現在は二〇〇三（平成十五）年の確認調査を経て、整備が完成したところである。出土遺物の年代は、砂岩製層塔以外は十四世紀後半〜十五世紀代の所産と考えられる。

本墳墓の位置する村上村は、一三四五（康永四）年以後に黒川惣領家の所領となることから、そのほとんどを黒川家が残した可能性が高い。したがって、南北朝期以後の黒川惣領家の供養塔としては、板碑よりも層塔、次いで宝篋印塔といった形式が採られたものと考えられる。ここからも黒川領内の板碑の多くは、惣領茂実の弟の章連の系列が残したと考えて大過ないものと思われる。

中条においては、ほとんどが惣領家の残したものと考えられる。本郷町江上館跡の北郭土塁上にいつのころからか置かれているバン、大川町のキリーク（現在所在不明）、西栄町の貞和碑（バン）

図45　韋駄天山遺跡出土珠洲製骨蔵器

図47　韋駄天山遺跡出土宝篋印塔

図46　韋駄天山遺跡出土板碑

などの数基が十四世紀前半にさかのぼるが、大部分は十四世紀後半の所産と考えられる。

　南条においては、関沢本宗家が鎌倉得宗家と命運をともにしたと考えられるならば、関沢の板碑も鎌倉末期〜南北朝初期に集中的に造立されたものといえよう。もちろんその後に関沢を名乗る庶子家の長橋家が残した板碑には、それより下るものも含まれよう。ただし、長橋分の板碑数が限られていることからすると、それほど熱心であったようには思われないところである。

　さて、このように奥山荘の板碑に文献からみた歴史を重ね合わせると、その造立が南北朝の動乱とまったく軌を一にしていることがわかる。これは北方の小泉荘や関東に近い魚沼地域でも同様であり、越後全域に共通した様相であるばかりか、全国的な傾向でもある。板碑の多くは、動乱にともなって没した人びとひいては留守を守る武家の子女たちの鎮魂碑であったと考えられる。しかし、右にみてきたようにすべての武家が選択したのではなく、特定の家系の人びとが受容したことも明らかとなった。

　したがって越後の板碑は、動乱期の戦死者の供養形態として鎌倉末期に採用され、特定の人びとに受け入れられたが、惣領制的所領分与から国人領主化（嫡子単独相続制）への移行の過程で廃れていったものと考えられる。あるいは、板碑造立という供養儀礼を行うことによって、庶子家や家臣団を集結させることに意義を見出した人びとが造立したものであろうか。

　そして日本海沿岸地域に一時期に広がった板碑も、多くが十四世紀末、せいぜい十五世紀初頭までには消えてしまうことから考えて、同様の契機で造塔されたものと考えたいところである。

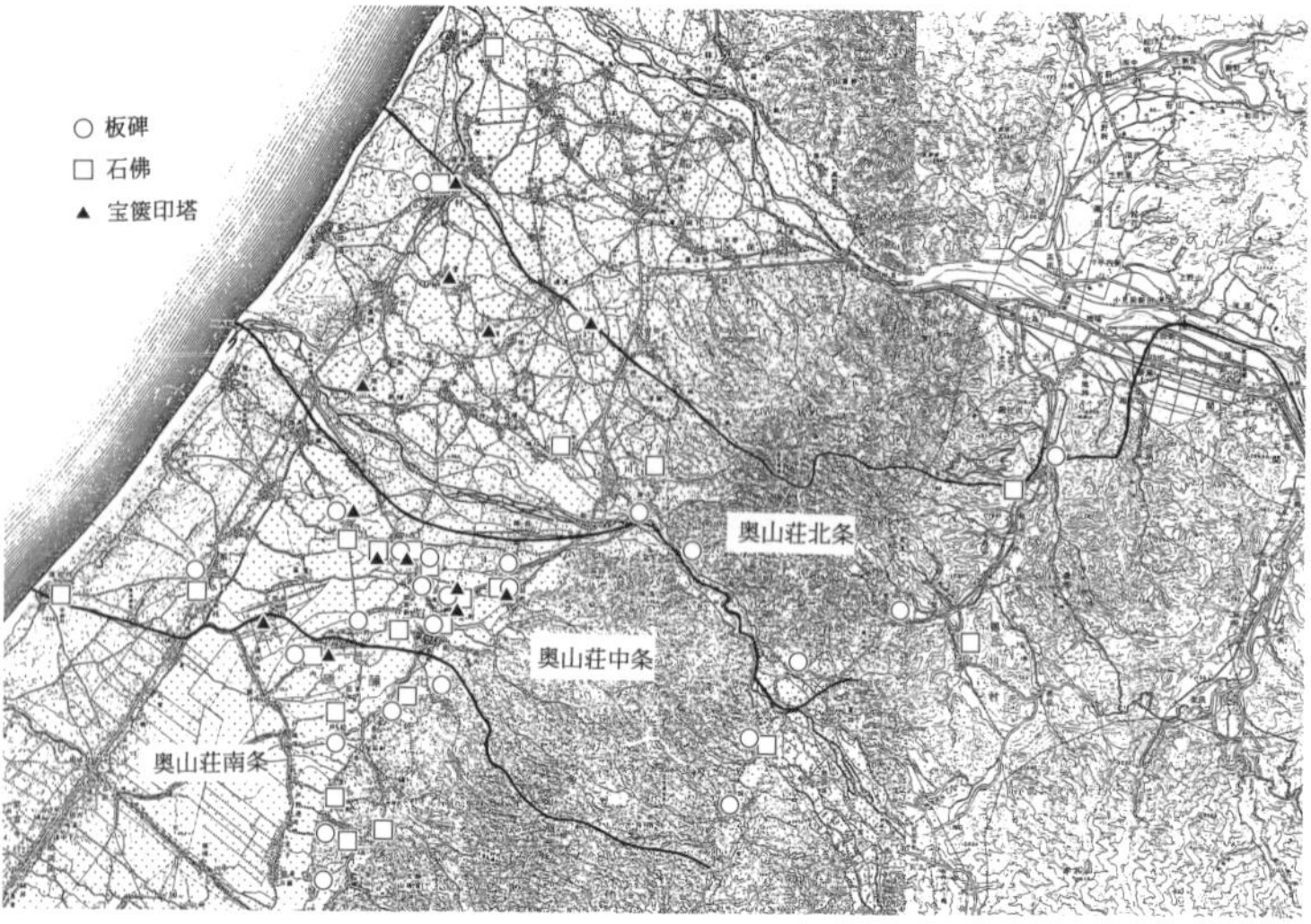

図48　奥山荘の石造物

5　宝篋印塔と石佛

次に板碑の造立につづく時期の考古遺物として、宝篋印塔・石佛の様相を押さえておきたい。
まず、宝篋印塔であるが、黒川領の西半分および中条領に集中している。そしてその数量および分布域は、石佛よりも少なく、より限定された階層に受容された石塔であったことが判明する。

対して石佛は、黒川領では限定的に認められるのみで、中心は南条を含む中条領にある。石佛がつくられた頃の南条は、中条の影響下にあると考えられるため、石佛は中条領の人びとが中心となって造立したと考えられる。また石佛型式が、黒川領と中条領で異なることも興味深い。

これらの中世石造物もまた、奥山荘の動静を物語る貴重な証人である。

ここで十五世紀以降の石造物の流れを整理しておく。

先の北東日本海型板碑の造立が終焉を迎えると、三尺以下となる小型の五輪塔・宝篋印塔が各地で認められるようになるが、これは日本海沿岸にかぎったことではない。かえって越後以東においては、上越までを一次分布圏として、その東方では点的な分布状況となる。そこで日本海に特有な石造物としては、畿内に出自をもつ石佛および板碑がある。

畿内型石佛は、河原石に像様あるいは五輪塔等を彫り出すタイプのもので、加賀～越中、とくに能登を主要な分布域とし、以東では越後阿賀北に集中域が認められるものである。時期的には、十四世紀代より認められるが、多くは十五～十六世紀の所産である。

なお、能登半島を中心に頂部を尖らせた方錐状の板碑が存在しており、ほかの北東日本海域において板碑が十五世紀代前半までに終焉を迎えるのに対し、石佛と並行してつくりつづけられるのは興味深い。

そして後出の畿内型板碑は、頂部山形の板状を呈し、額と顎の間に像様あるいは五輪塔等の塔形を彫り出すものである。これらは、能登半島を中心に分布し、以東では越後直江津で少数が認められるのみである。時期的には十六世紀代を中心とする。

なお、畿内からの情報発信基地である若狭においては、能登と共通した様相が認められるが、間の越前は笏谷石文化圏として独自の造形を行っており、他地域と様相が異なる。

このように、畿内の影響下につくられた石造物群は、種類ごとに分布域が多少異なるが、若狭～上越あたりまでを一次文化圏域とすることで共通

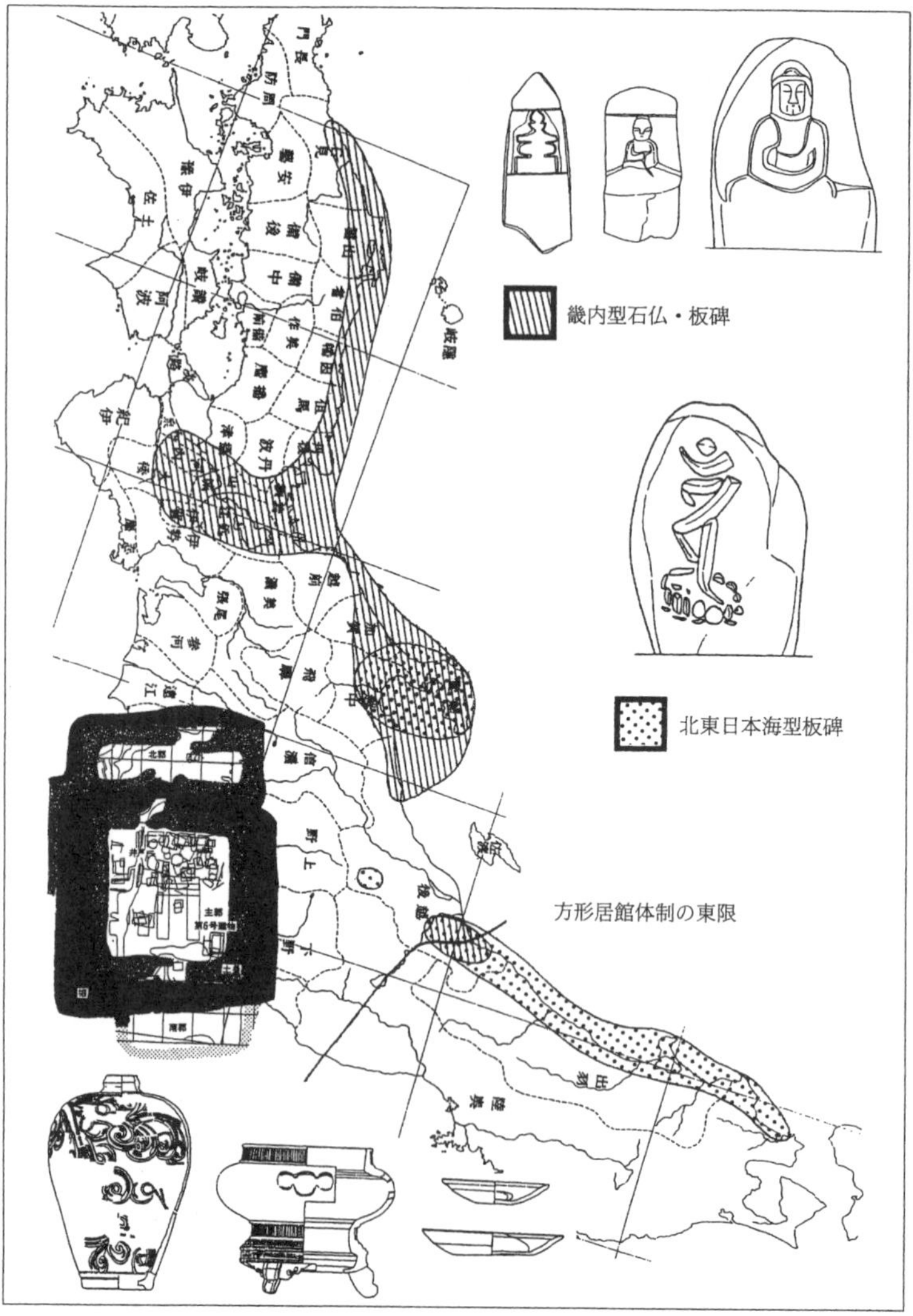

図49　中世後期日本海型仏教石造物と方形居館体制

している。このことは、京都系土器の第二次拡散現象と時期的にも空間的にも重なる部分が多く、両者の展開において共通の下地が存在していた可能性が高い。

そしてそれは、中条領において、京都系土器を多量に出土することと、独自の畿内系の石佛を造立することとが有機的に結びついていたことを示唆するものと思われる。

6　奥山荘の宗教的環境

ここで、石造供養塔を取りあげたのにあわせて、荘内の宗教的な状況をみておく。

黒川領　領内で確認できるのは、乙宝寺（乙寺）、金光山（金峰神社）・蔵王権現、山屋神社、東牧庵、高野の海雲庵などで、とくに前二寺に黒川家から寄進された奉納物が多い。

乙宝寺は、創建が天平年間にさかのぼると伝えられる古刹で、城家が奉納した本尊をはじめ、中世にさかのぼる文化財が多数残されていた。また、仏舎利が十二世紀後半に掘り出され、それが応永の大乱時に黒川家の館にあり、危うく国外にもち出されようとしたこともあった。また、十六世紀前半に集中して玉幡や華鬘が奉納されているが、これは享禄天文の乱前夜の不穏な情勢時に、当主黒川盛実が家の安寧を祈願したのであろうか。

そして黒川家が最も尊崇していたのが蔵王権現で、鎌倉末期の柴燈鉢以来、懸佛、鰐口、神社建物を奉納している。また、十六世紀の末には、神社の石製狛犬を笹口村の沢惣平衛の子孫が奉納している。この一対の石造物は、越前の笏谷石製品であり、広域流通品であることからすれば、沢家は笹口浜に拠点をおく船持の海商であったと考え

図50　金銅製玉幡（大永三年銘：乙宝寺所蔵）井上久美子撮影

図51　金銅製華鬘（大永四年銘：乙宝寺所蔵）井上久美子撮影

られよう。したがって、近世に繁栄を誇った浜の村々は、遅くとも十六世紀後半にはその基礎を固めていたということがいえよう。

なお、「奥山荘の境界」の項でもふれたが、境界に築かれた墓地である韋駄天山遺跡は、戦国期以前の黒川家代々の墓所と考えられる。

表6　奥山荘黒川領宗教関連文献史料年表

1	安元２年（1176）	乙寺『町史』古代28
2	元徳３年（1331）	金光山三国院高全寺（金峰神社）奉納鉄製柴燈鉢　仙阿
3	観応２年（1351）	十阿弥陀仏（荒川保）『町史』227
4	応永３年（1396）	山屋神社熊野烏牛王宝印版木
5	応永11年（1404）	蔵王権現懸佛
6	応永15年（1408）	黒川のそうもんしゅう（僧門衆ヵ）『町史』296
7	応永30年（1423）	黒河基実夜討　房資　乙宝寺の舎利を廿余貫に請留める『町史』360
8	永享８年（1436）	金光山（金峰神社）奉納鰐口 奥山荘黒川大旦那平朝臣氏実　願主祐海　実時　貞義
9	文安３年（1446）	乙宝寺出土墨書板碑（光明真言）
10	宝徳２年（1450）	山屋神社蘇民将来版木
11	年未詳	黒河の塔頭　『町史』471
12	長禄２年（1458）	上坪穴出土墨書板碑（バク・ダ）
13	延徳２年（1490）	黒川知行分内、金屋名、波月、宮瀬、非人かう屋→中条　『町史』473
14	永正４年（1507）	高野郷除東牧庵領→中条　『町史』491・495
15	大永３年（1523）	乙宝寺金銅製玉幡　乙宝寺
16	大永４年（1524）	乙宝寺金銅製華鬘　乙寺　平朝臣盛実
17	大永６年（1526）	乙宝寺金銅製華鬘　乙寺
18	天文７年（1538）	乙宝寺金銅製華鬘　乙　遍昭院常往
19	天文11年（1542）	下館出土墨書板碑（ユ）
20	弘治２年（1556）	鼓岡道下経塚　和泉内山之住
21	永禄５年（1562）	蔵王金峰神社棟札　大檀那平朝臣黒河竹福丸（実氏）
22	天正15年（1587）	蔵王金峰神社笏谷石製獅子・駒犬　篠口村沢惣兵衛子孫
23	慶長３年（1598）	下館板碑　大檀那道門　＊現在所在不明

図52　金峰神社奉納鰐口（永享八年銘）

中条領　領内で確認されているのは、羽黒の極楽寺、大輪寺（円融庵・法応庵・観音殿）、弥勒堂、御基堂、安養寺、花山寺、七日町道場、御宝殿（般若院・玉輪坊）、光明寺、羽黒権現、経塚（羽黒）、下町・坊城遺跡B地点の密教寺院などがある。

極楽寺は中条家代々の菩提所といわれているが、詳細は不詳である。

そして遺存文書の関係で、中条領で最も密接な関係を示すのは、大輪寺である。中条家の祈願寺とされ、文書の文言には、たしかに「所願成就」「祈祷」などがあるが、かならず父母「菩提」がセットとして現れてくる。極楽寺がどの程度重んじられていたかは、文書の遺存状況から不明であるが、その開基が茂継という点、そして茂継以降はその弟の茂資の家系が惣領家を継承していくことから考えて、大輪寺こそが最も中条家が帰依した寺院ということができよう。なお、弥勒堂・安養寺・光明寺は、もともと大輪寺と独立した寺院であるが、すべて寄進されて寺領となっている。

ここで、大輪寺の所在地を考えてみたい。現地比定については、中野豈任による鼓岡所在説が出され、それ以後目立った反論は管見に入っていない。

中野説の概要は、沙弥彦鴨が大輪寺に寄進した田地が大輪寺北に所在し、それが「鼓岡田地目録・土貢運上物等日記」にみられることから、その所在地を鼓岡とするものであった。ただし氏みずから註に記しているように、日記の該当部分が鼓岡以外の地を含めた可能性がある。

しかし日記の文脈は、「門前屋地人部十人」を一月に二日ずつ使うために、とくに「寺之以北年貢一貫文」を「受用」すると記されているのであり、鼓岡の年貢とは区別されるべきものである。したがって、鼓岡に大輪寺が所在していた可能性はあるにせよ、断定することはむずかしいと考えられよう。

ではどこに所在していたであろうか。文書に戻ろう。

表7　奥山荘中条領宗教関連文献資料年表

1	嘉暦元年（1326）	弥彦神社奉納鉄製佛餉鉢　奥山荘中条住人相次郎孝基
2	貞和２年（1346）	西栄町地蔵堂板碑（バン）
3	文和３年（1354）	極楽寺、海雲庵（尼寺）『町史』237
4	文和３年（1354）	大輪寺『町史』239
5	貞治５年（1366）	東本町大輪寺板碑（阿弥陀三尊）
6	貞治七年（1368）	石曾根内（中略）御寺の南西北四至界これ治むるところなり『町史』267
7	応安５年（1372）	大輪寺の内円融庵『町史』270 →赤川坪付（1280刈）『町史』272応安６年（1373）
8	応安５年（1372）	大輪寺北271『町史』→大輪寺北　等　就中『町史』284
9	永和４年（1378）	野中板碑（カ）
10	永和年間	たて（館）より下、政所給、弥勒堂→大輪寺『町史』283
11	至徳元年（1384）	法応庵『町史』285
12	至徳３年（1386）	大輪寺の方丈御塔頭『町史』287
13	至徳３年（1386）	楚山和尚塔頭法応庵 東限寺家、南限大道、西限御基堂前路、北限小河『町史』288
14	至徳３年（1387）	大輪寺末寺　安養寺　『町史』289
15	応永２年（1395）	大輪寺円融庵赤川田地再確認,『町史』290
16	応永２年（1395）	高や殿の拝領江端村　大輪寺の寺領　『町史』291
17	応永16年（1409）	鰐口　奥山荘中条　八幡鰐口　平寒資　（湯沢町上谷後観音堂所在）
18	応永19年（1412）	観音殿『町史』301
19	寒資代	花山の寺開山　七日町道場建立『町史』360
20	応永33年（1426）	御宝殿衆徒、般若院・玉輪坊を増やして十口となる 河間の八幡宮建立『町史』360
21	宝徳３年（1451）	高野郷水無の内、海雲庵　『町史』346、470・479
22	文明17年（1485）	大輪寺まち（祭ヵ）地に光明寺　『町史』436
23	明応３年（1494）	羽黒権現　鶏冠要害　在所金屋　『町史』477
24	15世紀後半中心	下町・坊城遺跡Ｂ地点密教寺院
24	年未詳	羽黒は、鶏の冠の城　経塚　金屋路　『町史』472
25	大永６年（1526）	築地出土墨書板碑（マン・金剛名号）
26	天文18年（1549）	下町・坊城遺跡Ｂ地点出土墨書板碑（ウーン・光明真言）
27	元亀３年（1572）	下町・坊城遺跡Ｂ地点出土墨書板碑（金剛名号）

中条政義（資）は、一三六八（貞治七）年に大輪寺に石曾祢内の田地を寄進しており、そこには「御寺の南西北四至界これ治むるところなり」と記されている。東がでてこないが、これは大輪寺東の境であり、寺院の西側一帯が寄進されたものと理解できる。

また、先にふれた沙弥彦鴨が寄進した田地は、大輪寺の北方に所在しており、これで北方と西方が大輪寺の寺領となったのである。

さらに中条寒資らは、一三八六（至徳三）年に大輪寺法応庵へ田地を寄進している。その範囲として「東限寺家、南限大道、西限御基堂前路、北限小河」とある。東

表8　奥山荘南条領宗教関連文献資料年表

1	元享3年（1323）	関沢七十刈板碑（阿弥陀三尊）＊現在所在不明　南条
2	嘉暦2年（1327）	関沢板碑（バン）南条
3	（文和）3年（1354）	長橋板碑（阿弥陀三尊）南条

境に寺家があることから、これは先の一三六八年寄進の田地に接する範囲と考えられよう。なお、南を限る（東西の）大道というのは、坊城館と羽黒を結ぶ幹線道路と考えられることから、大輪寺の位置が現在の位置から動いていないという想定が可能となる。すると、境内に多数現存している南北朝期以降の石造物群の存在を容易に説明することが可能となり、所在地問題の決着に一歩近づいたように思われる。

　また、一三八六年に羽黒景茂が、大輪寺へ寄進した「市場」の土地は、確証はないが石曾祢条に所在する七日市に接する田である可能性があろう。この仮定が正鵠を得ているならば、大輪寺は石曾祢条内に所在していたと考えられる。

　なお、大輪寺の所領は、ほかにも赤川、北条の江端村、加地荘東川尻などに所在しており、強大な資力を有していたことがわかる。

　したがって現状では、現在地に十四世紀以来所在していると考えておきたい。

　その他、大輪寺と区別される寺社としては、海雲庵、御基《（墓カ）》堂、花山寺、七日町道場、御宝殿、羽黒権現などがあるが、海雲庵・羽黒権現および弥勒堂のおおよその場所が想定できる以外は、所在不明である。

　そして下町・坊城遺跡B地点に所在していた密教寺院は、南方の川を挟んで「常楽寺」という地名が残っていることから、その可能性がある。ただし、江上館に非常に近接した位置関係からして、応永の大乱時に中条家とともに籠城した「御宝殿」にあたる可能性などを考慮して比定する必要があろう。

　なお、鼓岡で出土した弘治二（一五五六）年銘を含む道下経塚の五口の経筒および大乗院の経筒一口には、和泉をはじめ美濃・伊勢・讃岐・下野・大和（大乗院）各地の人びとの願いが込められており、六十六部聖によって埋められたことがわかる。

7　奥山荘の村々

ここでは、上にあげた宗教施設以外の住人の居住地をみておこう。これには考古学による分布調査も有効であるが、なにより譲状などにでてくる地名と現在の地名がかなりの比率で合致することから、往時の村々のおおむねの位置を特定することが可能である。

譲状などにある地名で、現在の大字・子字などが残っているものを抽出すると以下のとおりとなる。

奥山荘北条領〜胎内川以北

黒川・草水・江端・高野・東牧・塩谷・塩沢・山野・切田・波月・宮瀬・桑江・村上・荒井・金屋・乙・関・栖巻・荒沢・持倉・長谷・坪穴・黒俣・幾地・山本・赤谷・勝蔵・六本杉・窪・鮖谷・安角・大石・金俣・沼

奥山荘中条領

羽黒・極楽寺・飯積・赤川・鷹巣・笹口・中村・築地・村松・鼓岡・夏井・駒籠・鶏冠（鳥坂）

奥山荘南条領

関沢・長橋・鱒川・大塚・塩津・柴橋・貝屋・金山

これらを城館とともに地図上に落としたのが先に掲げた図15となる。北条領が多いのは、山本以下の現関川村内の村々が十六世紀末の越後国瀬波郡絵図に記載されているためである。そのほかの

表9　文献にみる奥山荘の風景

1	建治３年（1277）	久佐宇津（草水）下鋳師の者共、高野市場『町史』29
2	正応５年（1292）	蓮妙の非人所（荒川保）『町史』43　＝入出非人所五宇『町史』40
3	永仁２年（1294）	駒籠の酒町『町史』48
4	永仁２年（1294）	七日市の南町屋・駒籠の酒町『町史』49
5	13世紀末頃	高野市・七日市　波月条近傍絵図
6	元応２年（1320）	駒籠の酒町『町史』78
7	14世紀後半	沙弥喜阿思外当所（黒川）みなとへ罷着候『町史』257
8	正長２年（1429）	関沢殿の御分足洗津・桝河『町史』316
9	永享12年（1440）	中条合戦の討死の忠（黒川）南町『町史』330
10	文明14年（1482）	中条の五日町に九郎次郎が湯屋を建てる『町史』432
11	文明18年（1486）	羽黒　内々その用意『町史』468
12	文明18年（1486）	御下りの方々の供饗・木具・かわらけ一向なく『町史』428
13	15世紀後半ヵ	鶏の冠の城　経塚　金屋路『町史』472
14	15世紀後半ヵ	土作『町史』480

地名は、譲状や相論などでほとんどが十四世紀以前から認められる地名である。

村々の立地は、大きく三つに分けられる。荒井や村松などの浜の村、塩谷や関沢・持倉などの山脈から延びる山間地に所在する谷間村、高野や大塚などの胎内川の扇状地に位置する平地の村々である。ただし、浜の村にも田地が存在していることが文書から明らかであるので、現在海岸沿いに地名が残っているものでも、当時の範囲は砂丘内側にまで及んでいたことが知られる。

そして中世後半の館は、黒川、高野、金屋、鍬江、関、政所、柴橋、築地、金山などに認められ、境目の城と考えられる関、鍬江、金山を除けば、平場の流通の結節点に築かれていたことが看取される。

なお、唯一の砂丘上に存在する築地館は、荒川から砂丘内側に沿って存在した幹線道を押さえる立地であるということができる。現に伊達へ御料人が向かう際に、築地を通っていることをうかがわせる史料が残っている（次頁）。また、応永の大乱後、守護代方が一四二九（永享元）年～一四四九（宝徳元）年まで築地を押領していたのも、交通上の要地であったためと考えられる。

【史料】

中条朝資書状（山形大学・中条家文書）

（前略）郡司より、去八日に、御りうにんさま伊達へ御くたりの

……………（紙　継　目）……………

御やと《宿》雑事のこと申下候、ふと如此申付候と申、築地にかいかい《甲斐々々》し
く《き》御やと《宿》となともなく候、めいわく《迷惑》此事候、六七けん《間》に材木《マヽ》をとら
せ候と申、領中ニ人宅なともなく候、此よしすいりやう《推量》あるへく
候、ないない《内々》築地在所をこゝろあて《心当》に申付候、かやうの時宜をも三
潴方より申候やうに候、又いかんとも御くたりのかたかたのくき《供》
やう《饗》・きく・かわらけ一向なく候、無了簡候共、一せん《膳》も二せんも
こしらい候て、用ニたてられ候へく候、さやうになく候てハ事わけ
へく候、此ためつくし候、ひふつなんも所望候て、可被下者也、慈
俊房申へく候、謹言、

（文明十八）
十一月十四《二》日　朝資《中条》（花押）
中条弾《定資》正左衛門尉殿
進之候

そして中世前期には、北条の草水に「鋳物師」がおり、「金屋」も同職種の人びとの所在地と考えられよう。ところで、中世遺跡を調査すると、量の多少はあっても鉄滓が出土する。これは、鋳物師が村々を移動しながら仕事をしていたことを示すものと考えられよう。

そして胎内川を挟んで北に「高野市」が、南に「七日市」があり、中条にはさらに「駒籠の酒町」という町場があった。さらに十五世紀以降では、黒川領に「南町」、中条領に「五日町」が存在しており、七日市は「七日町」へと発展していた。また、黒川領内に「湊」が、南条に「足洗津」という津が存在していたことがわかっており、流通拠点が各所にあったことを裏づけている。

加えて黒川領の「土作」や中条領の「金屋」路、樋渡（＝桧皮師）地名の存在は、職人との関連がうかがえる。なお、一四八六（文明十八）年

の史料（前頁上段）は、貴人の接待に際し、「かわらけ」（土器）が必要であったことを物語る貴重な文献である。また、下町・坊城遺跡Ａ・Ｃ地点では、中世の前半に漆器の作成が行われていたことが判明している。

その他、荒川保内ではあるが、北条領との境付近に「非人所」が存在し、これは後に黒川領となる「非人興野」に含まれる可能性があろう。

このように、田畑在家、領主居館、寺社以外にも町場や津湊が点在し、各種職人衆が存在していたことがわかり、今更ながらではあるが、荘園経済が多くの人びとの協業の上に成り立っていたことが感じられる。

Ⅷ　戦国期の奥山荘

1　文献からみた戦国期の奥山荘

ここでは、まず十五世紀後半以降の奥山荘の状況を文書から確認しておきたい。

黒川家では、一四五一（宝徳三）年から黒川御親類高野北殿（方）が出奔し、黒川→越後府中→伊達→参洛と所在地を転々としている。そして伯父四郎（高野北と同一人物か）は、相伝の文書をもち出して蓄電しており、黒川氏実は正当性の確保に躍起になっている。これらから応永の大乱時の基実討死という変事後、家中に動揺が生じていたことがわかる。

また、一四八〇（文明十二）年以降は、根岸という所領をめぐって、中条家と争っている。

そうしたなか、中条家は、関東での働きによって、一四九〇（延徳二）年に黒川知行分内、金屋名、波月、宮瀬、非人荒屋を得ることになる。

しかし、それらの恨みから、一五〇〇（明応九）年に中条朝資が本庄へ向かった際、黒川・長橋家によって討死させられるにいたっている。

そしてこの本庄の乱の恩賞として、中条家は黒川領の「高野郷」を得たが、二年とたたない内に黒川方へ進めている。現地支配を行い難いこともあって、政治的判断で返却したものと思われる。

また、応永の大乱中に関沢掃部助顕元が守護の被官となったこともあり、一五一〇（永正七）年には、奥山荘南条の関沢孫三郎分・金山四郎右衛門尉分・長橋分が中条に加えられている。これによって、名実ともに南条領が中条領に加わったこととなる。

しかしまた、伊達時宗丸入嗣問題で中条家と黒川家の対立が生じ、鼓岡・夏井が係争地となっている。

そして謙信代には、越後統一にあたっての功により、中条家が国人衆の筆頭となるに及んでいる。

しかし謙信死後の御館の乱時には、黒川方が中条の鳥坂城を一時占拠しており、その対立は鎌倉後期～会津国替えまで三〇〇年以上つづいたことになる。

なお、文献にみる城館を抽出したのが、表10である。古くは、鳥坂城郭が『吾妻鏡』にみえ、南北朝期の内乱時に南条の寺尾城、中条の観音俣城・鳥坂城、北条の黒河城が使用されたことがわかる。

十五世紀に入ると、「要害」・「城」の語が散見し、使われ方からみると「要害」は土塁・堀をもち居住機能をもつ館を意味するように思われ、その出現とともに現れてきた用語と考えられよう。したがって「城」は、臨時的な山城を意味していよう。それが、十六世紀に入ると、山城の麓に居館が付属するようになるため、すべて「城」の標記となる。

そして国人領主の館は、たとえば江上館が七日町・駒籠の酒町という市町に近接していたよう

表10　奥山荘城館文献史料

1	建仁元年（1201）	鳥坂城槨『吾妻鏡５月14日条』
2	建武元年（1334）	金山郷（中略）城郭を構え『町史』117
3	建武３年（1336）	金山寺尾城、奥山荘観音俣城『町史』138
4	建武５年（1338）	奥山荘鳥坂城『町史』155
5	観応２年（1351）	鶏冠城　城太郎資持の後、曾祖父茂資たて籠る
6	観応３年（1352）	黒河城『町史』230
7	永和年間	たて（館）より下、政所給、弥勒堂→大輪寺『町史』283
8	応永33年（1426）	在所に帰り要害を構える　黒河の城 居館を引き退き河間の城に取り籠る
9	応永34年（1427）	羽黒要害に押し寄せ、（羽黒）秀性切腹
10	宝徳２年（1450）	鶏冠城を誘う
11	享徳２年（1453）	鶏冠城　再興　子孫捨てるべからず
12	文明年間カ	（黒川）御要害堅固に『町史』390
13	文明18年（1486）	羽黒　山口下地の事、御意の段承り候『町史』468
14	明応３年（1494）	羽黒権現　鶏冠要害　在所金屋『町史』477
15	年未詳	鶏の冠の城　経塚　金屋路『町史』472
16	年未詳	藤資代　鳥坂御帰城『町史』583
17	天正６年（1578）	鳥坂　城内『町史』603
18	天正７年（1579）	鳥坂『町史』607・608
19	天正11年（1583）	羽黒在城『町史』637

に、館は地域経済の中心であり、流通を押さえる地点を占めていたのである。そして屋敷の内部では、都の最先端のモードを取り入れた都市的な文化が花開いていたことが発掘調査から明らかとなっている。

しかし、戦乱の恒常化は、伝統的な館を放棄させるにいたる。それは十五世紀の後半に山城を維持するようになり、遅くとも十六世紀前半のうちには、館を放棄し山城とその山麓居館からなる根小屋式城郭へと本拠を移すのである。しかしそれを成し得たのは、少なくとも阿賀北においては国人領主級の人びとのみであったことが城の在り方から判明している（Ⅸ章）。

移動の時期は、奥山荘中条家では十五世紀末、奥山荘黒川家や小泉荘加納の色部家では十六世紀前半のうちと考えられる。

さらに十六世紀第二四半期〜第三四半期にかけ

ては、出土遺物が極端に減少する。これが軍備に財を費やしたためか、陶磁器の流通経路に大きな変化が生じたためかは論定できていないが、大きな問題である。

越後の戦国期が十五世紀半ばからという説にたてば、守護が京都から越後に帰国して常駐するようになったことにより、国人領主たちの大番役が京都から越後府中へと負担が軽減されたことになる。それは、彼らの経済的負担がいちじるしく軽減されたことを意味し、それを端的に示すのが越後の十五世紀代の遺跡から出土する豊かな遺物群であるといえよう。

そして、その豊かさこそが、本拠を動かすというとてつもない財を必要とする偉業をなしとげた原動力ではなかったであろうか。上で述べたように中条家が周囲の国人領主たちよりも逸速く本拠を動かし得た理由は、守護が在国するより半世紀ほど早くから大番役を免除されてきたためと考えることができよう。もちろん、江上館の隆盛も同一線上に位置づけられる。

なお遺構からみると、国人領主の館は、十五世紀に入ると土塁と堀で囲まれ、他の家臣団と隔絶した様式をとるようになる。それは、実際の機能を備えながらも、視覚的・象徴的に領主権力の一点集中を具現化したものともいえる。それは、南北朝以後に生じてきた惣領制から嫡子単独相続への流れの延長線上にあり、その後に築かれた山城も多分にみせる要素を有している。

平野に現れた土の壁・矢倉門から、より遠くからみえる山上になびく多数の旗・矢倉へという在り方は、戦国期を読み解いていく際の重要なキーワードである。

2　戦国前期の武家居館

戦国前期の代表的な武家居館として、発掘調査が行われた江上館跡、古舘館跡、黒川西館跡を取りあげる。

江上館跡（本郷町）　館は、扇状地の扇端近くの標高約一八メートルの段丘低位面に築かれている。この位置は、荘域のほぼ中央にあたり、交通の要衝を占めていたと考えられる。

館跡は、ほぼ一町四方の主郭と、その南北に附属する郭からなる。発掘調査の結果、四カ所の橋跡、主郭南北の門跡、堀、土塁の数次にわたる補強、主郭内の遺構の様相が明らかになってきている。

主郭内は、六〇メートル四方（三六〇〇平方メートル）を測り、基底部幅約一〇メートルの土塁がめぐらされている。この土塁は、東・南・北側の一部を崩されているが、大部分は旧状をとどめており、最も遺存のよい北東隅付近では郭内より二・五メートル強の比高差を残している。そして調査の結果、当時はさらに一メートルの比高差をもっていたことがわかっている。プランで特徴的なことは、北方の虎口部分をやや張り出させていることで、それにあわせて土塁も北方へ屈曲させている。虎口は、南北二カ所に開かれている。北虎口は、張り出し部南方に蔀土塁を築き、大きく西側に廻り込んで郭内へ入る構造で、二脚門の前面には蔀塀も認められた。南虎口は、北方ほど明瞭ではないが、橋と土塁との関係から、最終的には食い違い構造をもたせていたことが判明している。主郭内からは、六〇棟ほどの建物が復元され、一時期には一〇棟程度が建ち並んでいたと考えられる。井戸は、六基が確認されており、内木製側が四基、石組側が二基で

図53　江上館跡主郭―南郭間橋脚出土状況

あった。

　主郭をめぐる水堀は、主郭と北郭間が九・六〜一四メートル、主郭〜南郭間が一一〜一八メートル、東側が約一五メートル、西側が一六〜二〇メートルとなり、南西隅がやや広く穿たれているようである。ただし深さは、最も幅の狭い北方の虎口脇で二メートルを越えているものの、概して一メートル前後と浅い。なお、一九六三（昭和三十八）年の発掘調査時には、水位が高く郭内の井戸から水が涌き出てきたというが、一九七六（昭和五十一）年の胎内川ダムの完成や工場による地下水の汲み上げ等によって、地下水位が下がり、平成の調査時には水はまったく涌くことがなかった。

　注目される遺構は、大量の遺物を出土した主郭内南西隅の水溜状遺構（第三二七号遺構）、同じく南端の池状遺構（第一三一号遺構）、郭内を区切る溝および塀、コの字状の平面形態を有する主

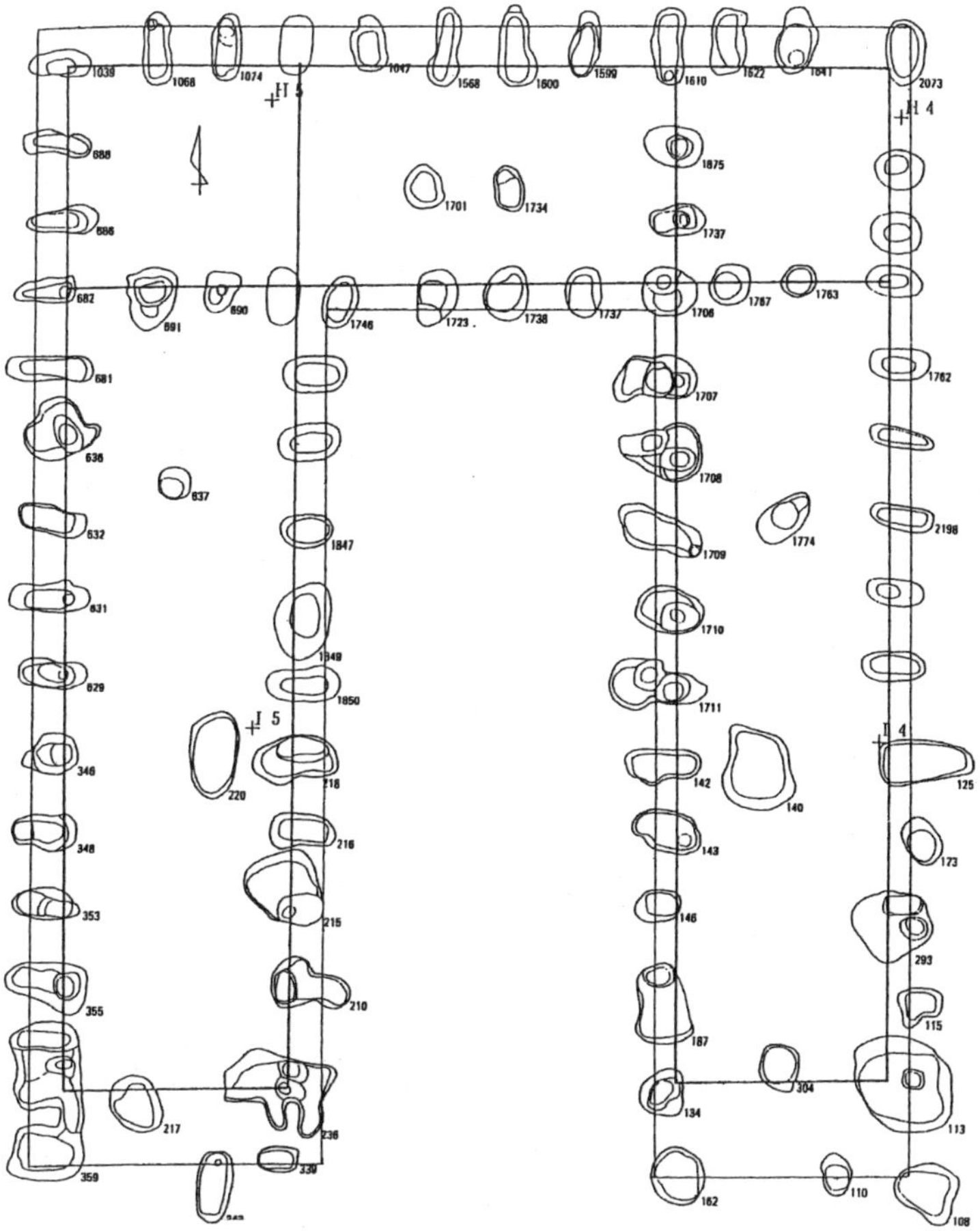

図54　江上館跡第6号建物平面図

殿級の大型建物（第六号建物）、東方土塁際の埋甕遺構（図56）、木組側から石組側井戸への変遷等があり、十五世紀後半の最盛期には、場の使い分けがなされていたと考えられる。

北郭内は、東西七五メートル×南北二〇メートル（一五〇〇平方メートル）を測り、基底部幅九メートルほどの土塁がめぐる。現状では北東部分の土塁が崩されているが、当時は北方で食い違い虎口を形

図55　江上館跡第6号建物

図56　江上館跡主郭東土塁脇据甕出土状況

図57　江上館跡出土京都系手づくね土器重ね

成していたようである。また、南西隅から西方へと土塁が一五メートルほど延びており、この部分が通路として使われていた可能性もある。そしてこの土塁は、さらに南方に折れ、主郭の第一号土塁と平行に三〇メートル以上つづいていたと考えられる。堀は北方にも認められ、虎口付近で幅一〇メートルを測るが、土塁のあるところでは六～七・五メートルに減じる。そして西方では、西に延びる土塁の脇をめぐっているが、途切れており、主郭の堀とは連結していない。なお、東方へもめぐっているようであるが、指定範囲外へとつづいているため明らかではない。北郭は、元来は居住区であったと考えられるが、土塁が整備される段階で馬出しへと性格を変えている。

南郭内は、東西五二メートルで、南北は現時点では不明である。堀は、主郭の堀から南北方向へと延びており、幅七・七～九メートルを測る。土塁は今のところ確認されていないが、明治期の地籍図から存在していた可能性がある。機能的には、馬出しの役目を果たしていたものと考えられる。

遺物は、十三～十五世紀に生産された中国産陶磁器や珠洲焼等が大量に出土しているが、主体は十五世紀代にある。注目されるのは、越後北部の阿賀北の地に京都系の技法でつくられた土器がまとまって出土したこと、ロクロ成形を含む土器の変遷の概要がつかめたこと、青白磁梅瓶、青磁八角坏・器台、黄褐釉四耳壺、緑釉、李朝粉青沙器

図58　江上館跡出土青磁小物

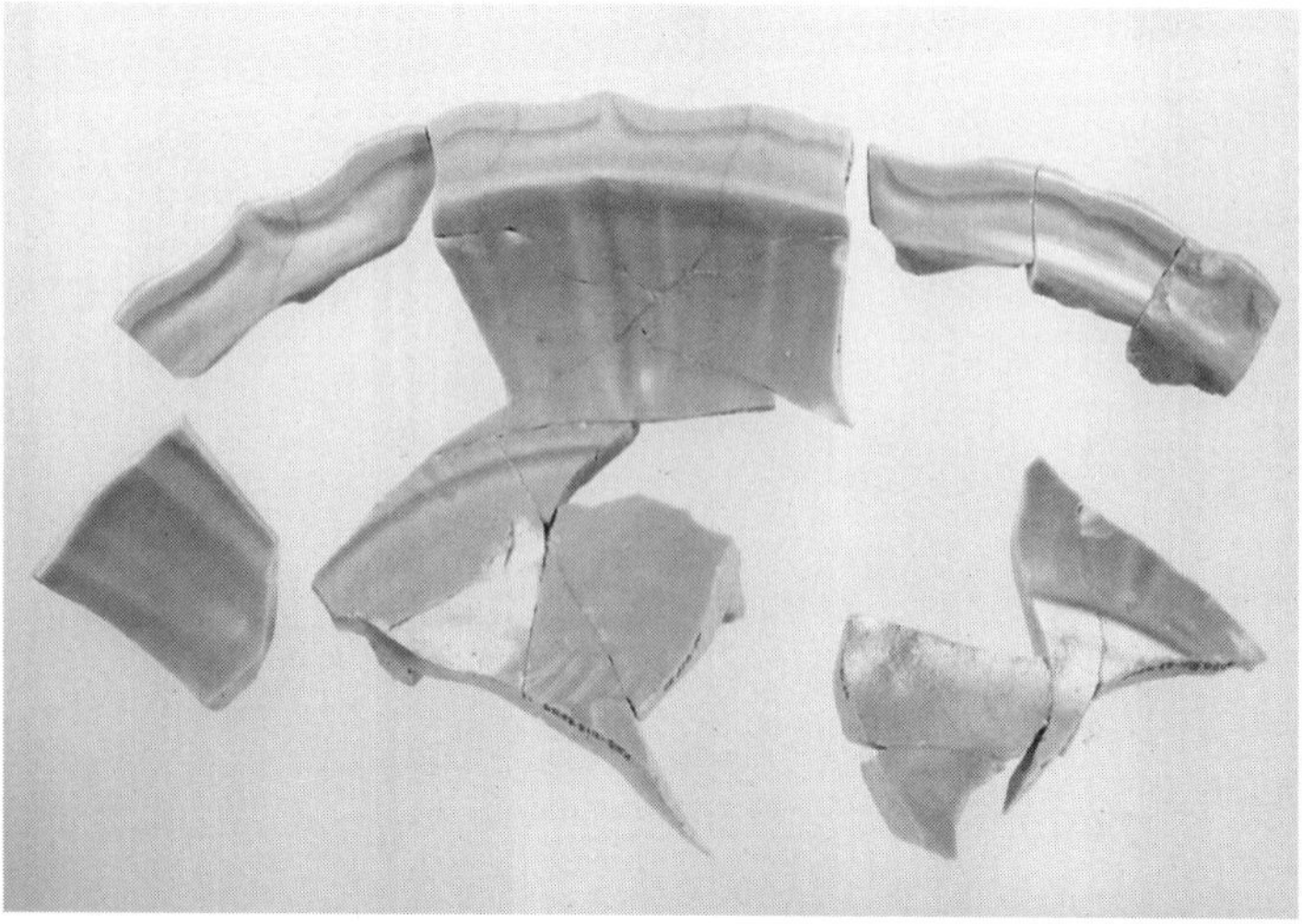

図59　江上館跡出土青磁稜花盤

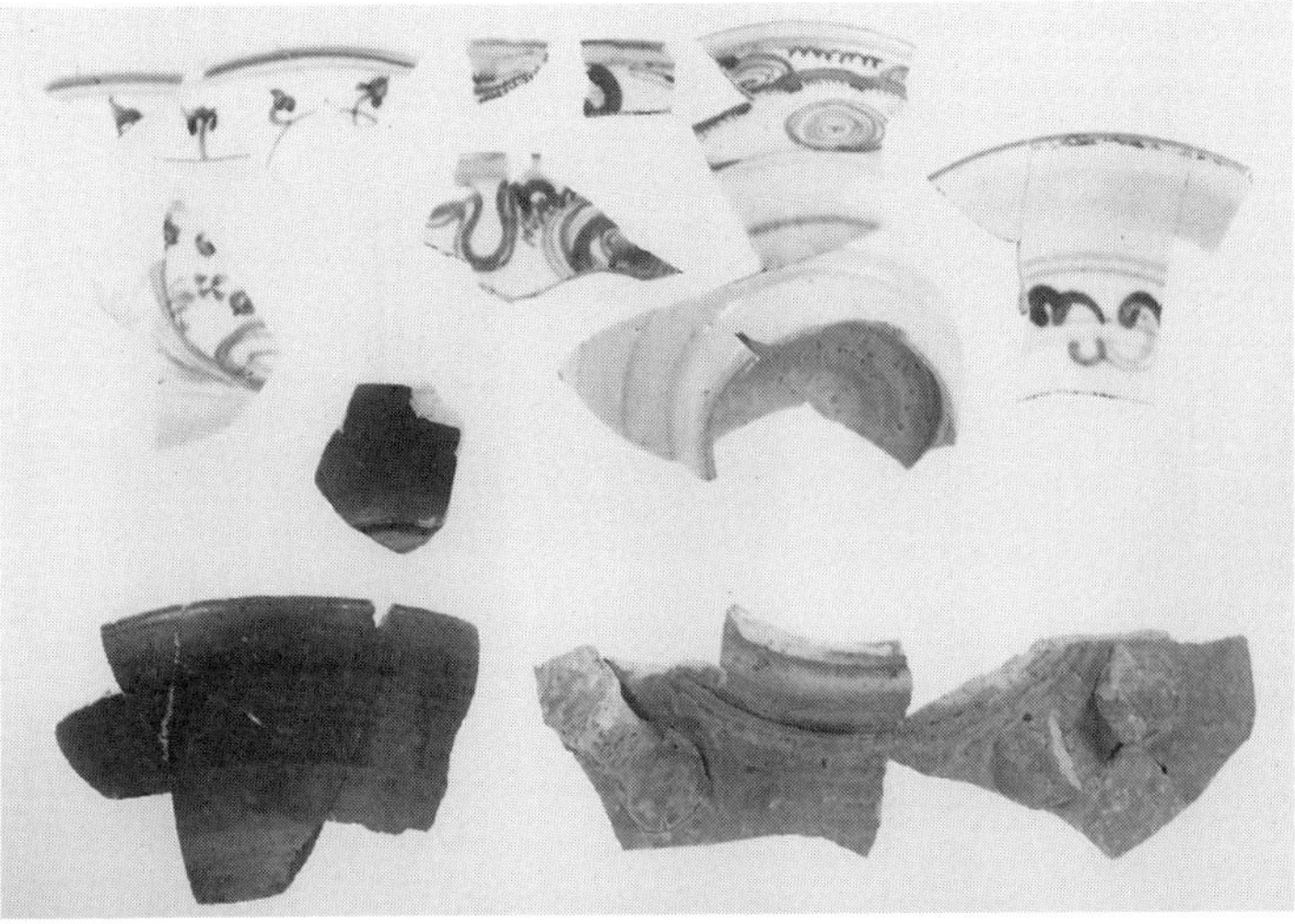

図60　江上館跡出土青花碗・黄褐色釉四耳壺等

図61　江上館跡出土漆塗天目、雑釉碗、唐物茶入・天目、墨書土器等

梅瓶（図62）、多数の中国天目茶碗、漆塗り天目、瓦器、信楽壺、茶臼等の娯楽・儀礼・室礼関係遺物、地鎮関連の墨書資料（土器・石）、猿面硯・高級漆器の存在、北郭からの鉦鼓（図63）の出土等が注目される。

そのほか、現在も主郭の南東隅および北郭の南西隅には、稲荷社と鷲麻神社が鎮座しており、これらの建立や改築にともなって一部土塁が崩されたのではないかと思われる。ただし、神社の屋根が瓦葺になる以前には、その屋根材としての茅原であったことが、土塁を保護してきたことも事実である。

図62　江上館跡出土朝鮮製象嵌瓶

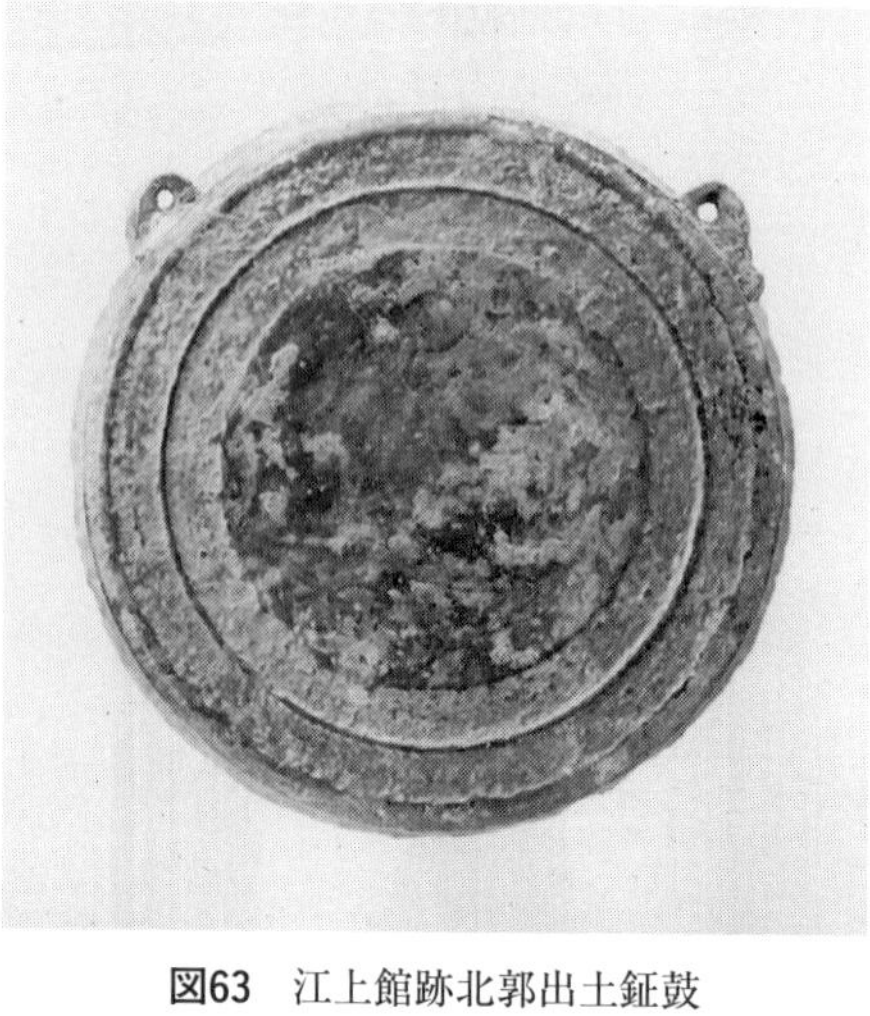

図63　江上館跡北郭出土鉦鼓

また、北郭の南東隅やや北寄りには、薬研彫りの金剛界大日如来（バン）種子および蓮台をもつ板碑が存在する（図43―1）。この板碑は、非整形で、縦七〇センチ×横五〇センチ×厚さ三八センチを測り、花崗岩製である。平坦な面に種字・蓮台を刻んでいるが、ほかには装飾の痕跡は認められない。この金剛界大日という種子は、中条領のなかで約半数近くを占めており、城主との関連が注目される。ただし本板碑は、十四世紀の所産と考えられ、その時点で北郭に土塁は存在していない。したがって、土塁の築かれる十五世紀以降、おそらく板碑の横に並ぶ湯殿山碑が立てられた近世に入ってから現在の位置に移されたものと考えられる。

次に館跡の周辺についてであるが、周囲に住宅が立ち並んでおり、そこに中世をしのばせるものはごく少ない。そこで、一八九〇（明治二十三）年に作成された館跡周辺の地籍図をみてみると、大字江上番字館ノ越から、大字館ノ越番字館ノ越にかけて所在する江上館跡は、明瞭に方形区画が認められ、その南方にも馬出し状の南郭が読みとれる。しかし、北方の北郭の区画は読みとりにくい。館跡に関連してくる小字名として、北方の「大道添」「大道下」「中道」「大江添」といった幹線路関連地名や、「家ノ腰」「宮越」、西方の「下夕町」「下名倉」といった町場関連地名、南方の「坊城」など注目すべき地名がみられる。これらは、一九九四（平成六）年度の分布調査の結果、それぞれ北方の大江添遺跡、西方の下町遺跡、南方の坊城遺跡として登録され、中世を通じて維持されていたことは、すでに述べた（第Ⅵ章）。

なお江上館跡は、一九八四（昭和五十九）年十月三日付で、史跡指定を受けた。

古館館跡（古館）

奥山荘を語るとき、かならず登場するものに「波月条絵図」がある。この絵図には、太伊乃河（胎内川）を挟んで南北に屋敷などが描かれているが、ここに「高野市」がでてくる。その位置は不明であるが、並槻（波月）や江端の西側が高野条と考えられる。したがってここで報告する古館館跡は、高野条に含まれるものと考えられる。

郭内は、土塁内で東西一〇八～一二〇メートル、南北五六～七二メートルを測り、郭内の面積は六七〇〇平方メートルに及ぶ。中央やや西よりには、曹洞宗寺院の常光寺が所在しており、周囲にはそれにともなう庭園と遣水遺構が残る。この西側の竹藪中には、土塁に沿って幅二メートル、長さ約五〇メートルほどの溝がめぐらされている。西南隅には寺の墓地がある。東側の空き地は、往時は畑地で、近年ゲートボール場となり周囲に溝が掘られたが、現在は駐車場となっている。

土塁は、南方切れ目脇の最高地で標高一六・八三メートル、最も低いところで一五・二五メートル、郭内からの比高差は二・五～三・八メートルと非常に良好で、ほぼ全周が残っている。土塁の基底部幅は、九～一一メートルに達し、南東隅の外側には堀のなかに突き出した平場が設けられている。また、南方の屈曲部西方には、外堀へとつづく溝が設けられ、土塁が途切れている。とくに注目されることは、南辺および西辺に屈曲をもたせたプランをとることである。

堀は現在田地となって埋没しているが、一九一一（明治四十四）年の地籍図には明瞭に現れており、現況でも北・東の堀跡は明瞭である。そして一九九三・四（平成五・六）年度の確認調査の結果、幅八～二〇メートル、深さ二・八メートル以上の規模であることが確認された。

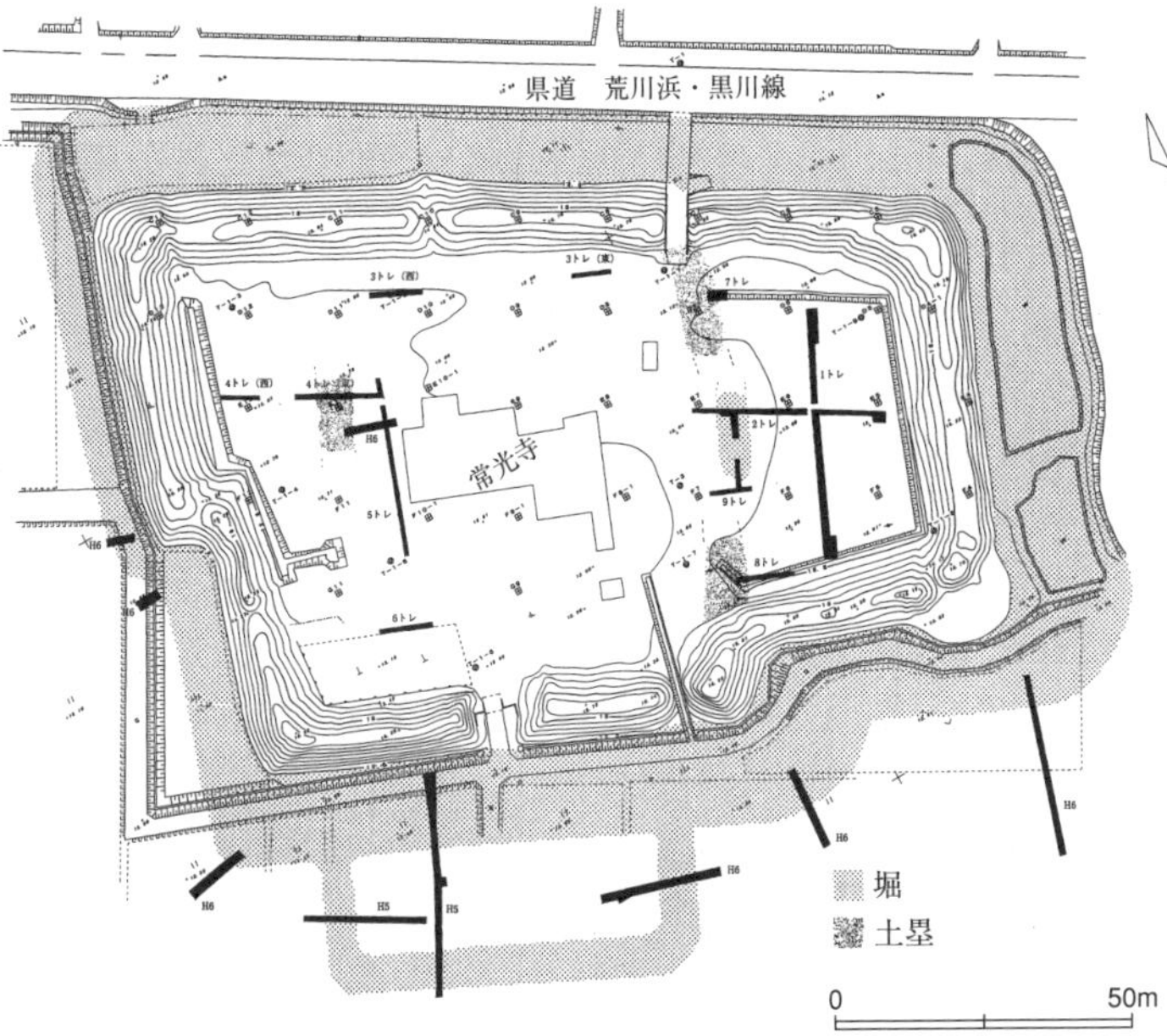

図64　古舘館跡平面図

図65　古舘館跡南土塁切目

虎口については、現在寺院への主要な出入口となっている北方の道路は、北側に舗装道路がつくられてから土塁を断ち割って付けられたものであり、この部分がもともと虎口であった可能性は低い。次いで、南方の農道につづく部分については、虎口の可能性が高いと思われる。そのほか、現状から可能性が考えられる部分としては、南辺の土塁屈曲部の西側にあるごく狭い土塁の切目と、西辺の屈曲部およびその一五《メートル》南方の二カ所、さらに北辺の屈曲部に一カ所の土塁のやや低くなっている部分などがあるが、これらは土塁切目が排水溝、その他のところが土塁への上がり口ではないかと思われる。

そして二〇〇三（平成十五）年度、遺跡の時期を特定するために郭内の確認調査を実施した。その結果、遺物からみると十一・十二世紀頃から始まり、鎌倉後期の十三世紀後半〜十四世紀にかけての遺物がまとまって出土するようになり、十五世紀代に最盛期を迎え、十六世紀代の遺物はごくわずかになる。近世の遺物は、ほとんど出土しなかった。

したがって、これまでの近世初頭の館という伝承は、折れをともなう土塁の形状などから憶測されたものであり、実際は十六世紀初頭には現況の形状が成立していたものと考えられる。

次いで、東半東西トレンチの内堀および両脇の土塁の存在から考えると、内堀の東側部分は、江上館の北郭に相当するものと考えられる。また、南方にも馬出がつくことが一九九三・四（平成五・六）年度の確認調査で判明しており、東方および南方に付属郭をもつ館であることが想定される。なお、東方のトレンチでみつかった土塁が当初の土塁であるとすると、郭内は六〇《メートル》四方程度となり、有力武士の館の規模としてふさわしい。このように主郭に付属郭が付く形態は、先の江上館跡や奥山荘黒川領金屋地内の馬場館跡にも共通するところであり、奥山荘の領主階級であるところの武士団が十五世紀後半以降に採用していったものと考えられる。

図66　古舘館跡出土官窯系青磁等

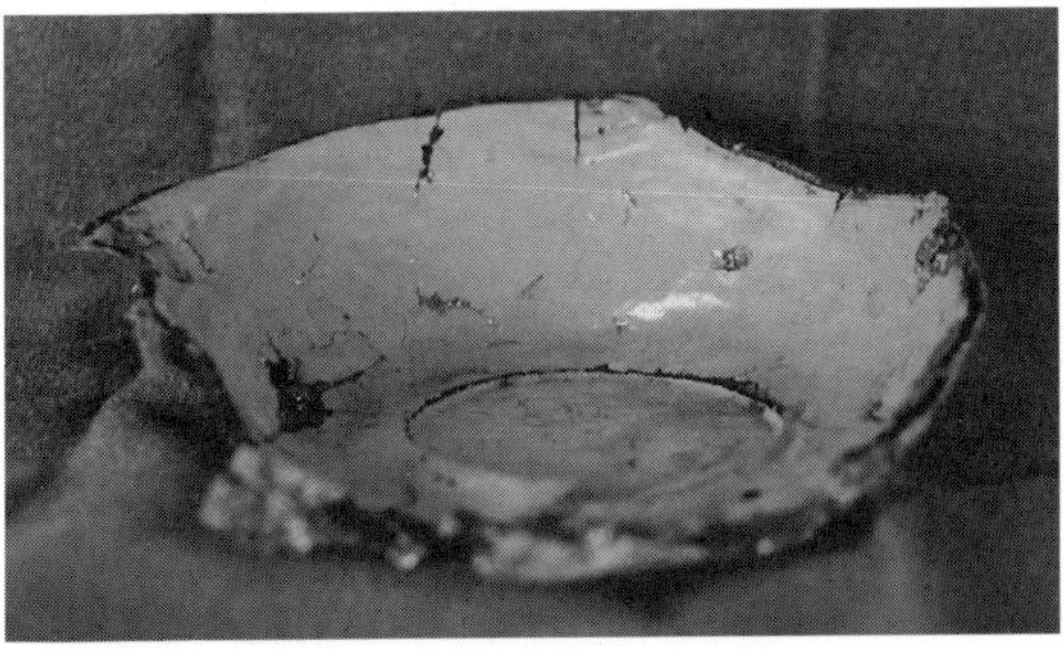

図67　古舘館跡出土皆朱漆器

そして館の廃絶時期は、十六世紀前半のうちに求められ、これは中条家の江上館の十五世紀末よりはやや遅いが、黒川家の黒川西館や色部家の牧目館とほぼ同時期であり、館の大規模な普請もそのころに行われたものと考えられる。館主は、遺物相および位置的にみて、三浦和田一族の高野家が適当かと思われる。

なお本館跡は、一九八五（昭和五十）年五月一日付で中条町指定文化財となり、二〇〇六（平成十八）年一月二十六日付で、史跡指定を受けた。

黒川西館跡（下館）

二〇〇〇・一・三（平成十二・十三・十五）年度の三次にわたって調査が行われた。このうち、一・二次は、道路整備

図68　文久三（1863）年黒川村耕地絵図（黒川西館跡）

にかかわるものであったが、堀等の遺構がみつかったため盛土工法がとられた。三次調査は、範囲確認調査である。

調査範囲の関係で館の規模等は不明であるが、幅七《メートル》の堀が一次調査で三五《メートル》、二・三次調査で六〇《メートル》確認されており、河岸段丘を複数の堀で区切り、郭群を連結しているように思われる。

一八六三（文久三）年の耕地絵図によれば、調査区の道の南側に堀をともなう「たての内」があり、その東側に「ごてん」、さらに東側は「上ノ町」に、館の内・御殿の北側は「楯下」であり、一八九五（明治二十八）年の土地更正図では、御殿は「高屋敷」、楯下・御殿は「坪頭」となり、「上ノ町」はそのままである。これまでの調査でみつかっている堀は、「館の内」の北側の堀の一部および「楯下」の南側の堀の一部と考えられる。

遺物は、珠洲より越前が多いこと、瀬戸・美濃は後期様式後Ⅳ期〜大窯1段階が主体をなし、大窯3段階まで認められることから、十五世紀後半から始まり、十六世紀前半代に主体をもちつつ十六世紀末までつづく遺跡と思われる。本館跡は、不明な点が多いが、黒川家のある時期の本拠地であった可能性もある。ただ、堀で屋敷地が分割されているように思われることから家臣団の集住地であった可能性が考えられ、より黒川城跡（山城）に近い北東部に山麓居館（黒川館跡）が想定されていることなどから、現時点では明確な結論は保留せざるをえない。

3　十五世紀代の陶磁器流通

ここでは、十五世紀代の特徴的な遺物について取りあげ、右の館群理解の一助とする。

貿易陶磁器　中世を通じて、国産品と輸入品の流通ルートは異なっている可能性がある。なぜ珠洲や越前が西方へ販売されないのか、それは東播や備前といった生産地が西方にあるからであろう。対して貿易陶磁器は、国内に競争相手がいないので、全国に流通したのである。

たとえば、著名な兵庫北関入船納帳をみても、焼物は備前焼のみである。納帳に記される物品からみて、瀬戸内海の周辺諸国から運ばれるもののみが兵庫北関を経由している。したがって貿易陶磁器は、別ルートで運ばれていたか、あるいは納帳が記された一四四五（文安二）年に貿易陶磁器が入ってこなかったかということとなろう。後者の可能性がないとはかぎらないが、前者だとすると、どのようなルートが考えられるであろうか。もちろん兵庫南関であった可能性もあり、南九州から南四国の太平洋岸を伝うルートの存在も想定されている。

しかしこれは、十五世紀代においてどこで最も貿易陶磁器が出土しているのかをみれば、答えはおのずと明らかである。それは日本海沿岸地域である。琉球から博多を経て、日本海をかけ下り、小浜にいたる。そこから京都へいく荷も多かったであろうが、そのまま北をめざした船もまた多数あったであろう。もちろん瀬戸内海を経ていくルートを否定するものではないが、そのルートが貿易陶磁器の主要ルートとなるのはおそらく十六世紀に入ってからではないかと思われる。

十五世紀代は日本海沿岸で最も多く貿易陶磁器が搬入される時期である。それが、十六世紀中葉以降になると西日本に集中しはじめる。それは、青磁から青花へ、瀬戸大窯の2段階以降、漆器組碗の成立以降にあたる。これは日本海沿岸よりも一世紀ほど遅く、畿内の旧守性が撃ち破られ、ようやく日本海側の生活様式にシフトしたともいえようか。しかしそれは自発的なものではなく、一五四〇年以降、銀山の開発にともなってその買付けに瀬戸内に明船がどんどん入ってきたためである。同じころに起こった寧波事件を考えあわせると、貿易陶磁器の主要ルートから外れていた瀬戸内地域が、大内・大友・河野といった瀬戸内の入り口を扼する勢力によって堺の飛躍的発展に象徴されるような流通ルートを築き上げた結果と考えられるのである。そして、明船が瀬戸内海へと直行することによって日本海沿岸への貿易陶磁器の流通は激減したのである。

土風炉　右に述べてきた貿易陶磁器は、高価なものもあるが、大多数を占めているのは碗皿類であって、支配階級にとっては消耗品であり高級品とはいい難い。それが太平洋側であまり出土しない理由でもあろう。彼らが求めた

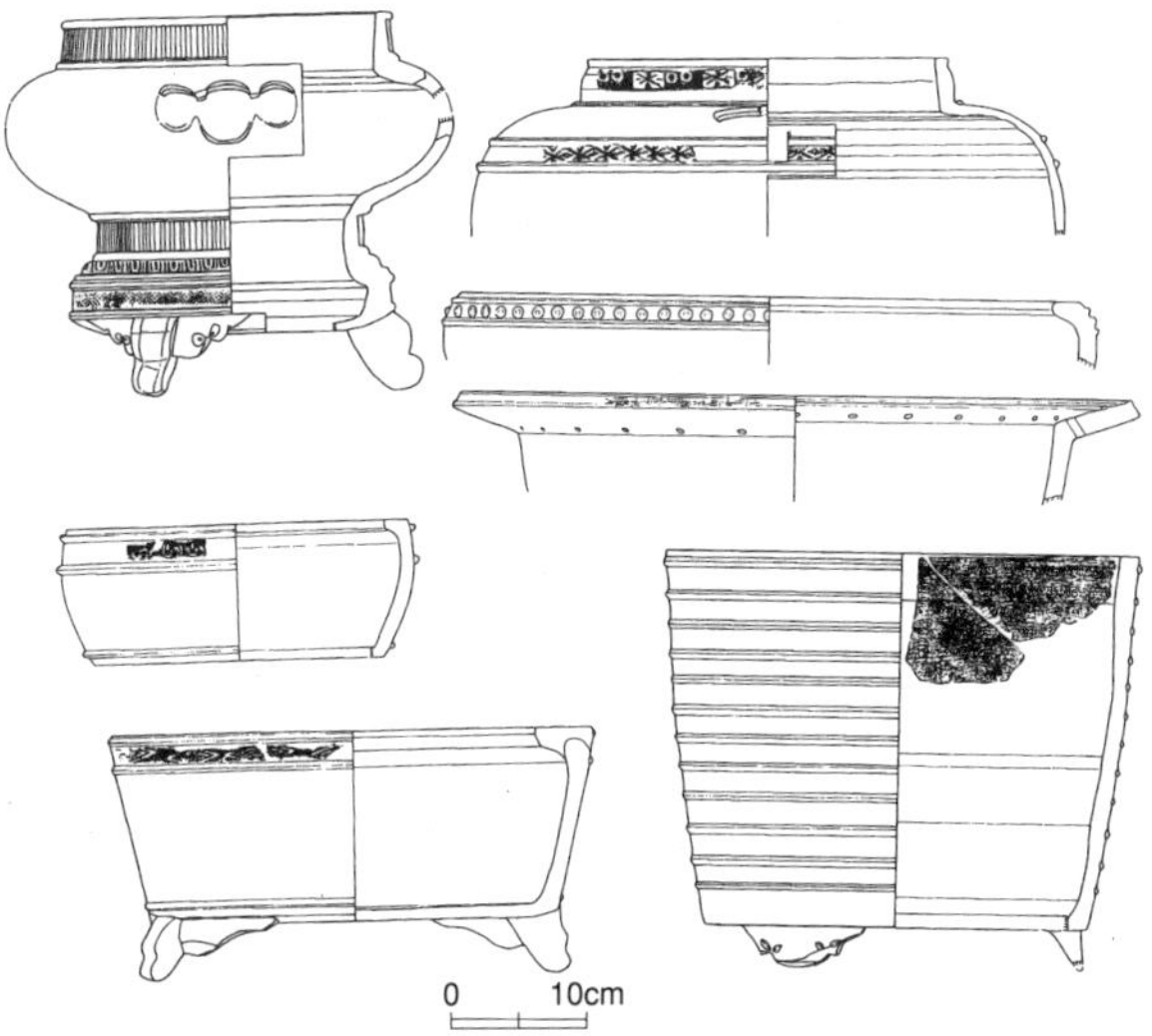

図69　土風炉・火鉢

のは、威信を再生産するために必要な器物である。室町期の陶磁器でいえば、青白磁梅瓶を代表とし、青磁酒海壺・大香炉・大花瓶といった古き良き鎌倉を象徴する器物である。室町期に新たに加わるのは、茶壺の類と元様式の青花袋物などがある。私はここに、中世後期の瓦質風炉を加えるべきであると考えている。まだあまり注目されることがないが、それは一昔前の土器と同様で、その様相の解明が待たれる遺物である。少なくとも風炉類は、茶釜を有する階層のみが必要とするものであり、奈良火鉢は貴族に納入される性質のものであった。土器よりも遺跡の性格を明確に示す遺物であり、土器儀礼を受け容れなかった出羽以北においても出土することから、まず着目しなければならない遺物である。

そしてこの風炉もまた日本海沿岸地域での出土が多く、日本海地域の流通網にのって動いていることが指摘できる。注目されるのは、この瓦器類のなかで奈良からの搬入品と考えられるものが非常に少ないということである。江上館跡出土瓦器の製作技法からみると、少なくとも三カ所以上の生産地が存在していたものと考えられる。レベル的には、奈良からの直接指導が考えられるものから、見様見真似でつくっているものまでさまざまであるが、施紋方法や種類に地域差がある。なお、主体的には、珠洲陶の生産の衰えに乗じた必需品たる擂鉢生産が行われていたと考えられ、風炉等の高級製品は、副次的産物であった可能性が高い。

そして室町期の東北地域では、地域性をもつ瓦質擂鉢生産を行っていたにもかかわらず土器皿をほとんどつくっていない。したがって、それは必要ではなかったと考えられる。このことは、地域性を考える上で重要であり、とくに色調の問題ともかかわる。すなわち、暖色系の色調は土器と併焼することによって生じるものであり、瓦を焼かない越後以西に多い。対して燻し銀～黒色を呈する瓦器本来の色調をもつものが東北地域に多いのもこの観点から説明ができよう。逆に、黒い器は、漆器の存在により必要がなかったと考えるべきであろうか。

このように風炉は、遺跡の性格を物語る遺物であり、茶入・天目茶碗・茶壺・茶臼などとともに組物として動いていた可能性があり、それがどこで組み合わされたのかが問題であるが、茶の湯の文化が広範囲に及んでいたことを示している。

土器

十五世紀中葉に京都からの影響を受けて、手づくね土器が導入される。これは、上越以西で主体的となり、以北では点的な出土となる。

しかし、ここ奥山荘の江上館や古舘館では、十五世紀後半期土器の主体を占めており、ロクロ成形から手づくね成形への変化も上越地域と同様の変遷を示す。これは、本地域が鎌倉時代以降ずっと京都系の手づくね成形を指向していることと関係があるものと思われ、他の器物とともに京都への指向がひときわ強かったといえるのではなかろうか。

なお、奥山荘と対照的に、北方の小泉荘では土器をほとんど消費せず、南方の加地荘・白河荘では主体がロクロ成形底部へラ切り土器を用いるといった違いがあり、地域性が際立っている。

4　居館からみた中世日本海

ここでは、前節の器物を大量に所有し、遺跡の性格がわかりやすい室町期以降の領主層の居館について、簡単にまとめておきたい。

方形居館とは、幅広い堀（おおむね五《メートル》以上）と高い土塁に囲まれた方形を基調とする領主館を指すものとする。この居館の出現は、東国では十四世紀末から十五世紀前半を中心とするもので、大和でも十四世紀中葉を画期として十五世紀中葉以降に大規模化するとされており、この動向が全国的に共通していることが知られる。そしてこの十五世紀中葉という時期は、山城が恒常的に維持されていく時期にあたり、城郭史研究における大きなエポックと重なる。

この方形居館は、前川要が提唱した居館の規模によって守護→国人領主→家臣団屋敷という序列がみられるという「方形居館体制」を具現化したもので、戦国前期の在地秩序を反映しているものと考えたい。ただし、方形居館の眼目は、遠方からのぞめる高い土塁の存在であり、防御的な側面も兼ね備えていたとはいえ、外に身分を知らしめるきわめて象徴的な権力装置であったと考えるのが妥当である。その意味で、国人領主とその家臣団では、居館規模が隔絶したものでなくてはならなかったのである。この体制は、小島道裕が提唱する花の御所を頂点とする体制であり、少なくとも守護が将軍に相伴して京にいた段階までは機能していたと考えられよう。しかし、十五世紀半ばに地域支配を守護に委ねたことによってその体制は動揺し、守護の帰国、応仁の乱を経て、十五世紀末〜十六世紀初頭には本拠の移動という大きな波を被ることになるのである。

そして方形居館体制には、もう一つ抜け落ちてはならないものがある。それは——室町将軍家を頂点とする以上、その器に酒を入れねばならない——すなわち土器儀礼の存在である。土器を媒介とした身分秩序の再生産は、方形居館体制の要である。したがって見かけ上、方形であっても、儀礼を示す土器皿の大量出土をともなわない場合は、その体制に組み込まれてはいないということになる。

たとえば、北海道の志海苔館は、大きな土塁をともなう方形を呈しているが、海に面した高台の上に築かれるといった立地は、平場の方形居館とはまったく異なる。志海苔館は、すでに網野善彦の指摘にあるように、海賊の海城に相当するものであり、身分標識でもあった方形居館とは性格が異なるものである。ただし、流通を支配するという点では共通性があり、その一面を垣間見ることができる。しかし、土器皿が非常に少ないことからは、実をともなっているとはいえず、その体制の外にあると判断せざるをえない。その他、出羽〜津軽西浜においても、土器を多量に出土する方形館は、認められない。

このようにみてくると、現在のところその境界線は、出羽と越後の境にあたる越後北部域のうちにあることになる。すなわち、奥山荘の方形居館は、その最北端に位置していると考えることができるのである。

5　方形居館体制以後の戦国期城館

中井均は、戦国期の城館の在り方に次の四種が存在するとする。

①山城に恒常的居住空間をもち、山麓に居住空間をもたないもの。②山城に恒常的居住空間をもち、山麓にも居住空間をもつもの。③山城に恒常的居住空間をもたず、山麓に居住空間をもつもの。④山城に恒常的居住空間をもたず、山麓にも居住空間をもたないもの。

①～③は、いずれも方形館を放棄し、地形に沿った居館作りであることが特徴で、実際的な空間構成となる。④は居館機能を有していない、いわば臨時的な山城なので、ここでは検討から省く。各地の守護館は①もしくは②となり、山城に居館の機能の全部あるいは一部が移るが、これは十六世紀に入ってからのことである。方形居館体制における守護館は、たとえば若狭小浜西津、能登七尾、越後直江津のように湊すなわち流通を押さえているのであるが、この段階において守護所は流通からみてやや後退した立地をとる。この現象について私は、国主として国人衆から出された人質を安全な場所に住まわせる必要があったために生じた現象と理解している。

越後においては、①も認められるものの、国人領主以上のクラスの本拠地では、山城とともに山麓に館をもつという②③タイプが国人領主クラス以上に許されていた形態と考えられる。しかるに、このような形態は、先の方形居館体制に包含される地域以北においてはあまり明瞭ではなく、圧倒的に山麓居館がない①のタイプが存在している。したがって、前段階の境界は、本段階においても依然認められるということとなろう。

Ⅸ　奥山荘の城館

1　奥山荘内の全城館解説

ここでは、奥山荘の城館を北条、中条、南条の順に紹介する。なお、各城館名の下にあるカッコ内の数字は図70の番号に該当する。

（一）中条の城館

鳥坂城跡山頂部（1）　本城跡は、胎内市羽黒字要害外に所在し、『吾妻鏡』建仁元（一二〇一）年条に記載される、越後平氏の城氏が最後に立て籠もった「鳥坂」城に比定されている。ただし現存する遺構は、ほとんどが十五世紀以降に中条氏によって築かれたものであると考えられる。

本城は、櫛形山脈の北端の尾根上に築かれており、中条の北端に位置する。遺構は、おもに標高二二〇～三一〇メートルの間の尾根筋四〇〇メートルの間に認められ、山麓と最高部との比高差は約二三〇メートルを測る。尾根が西から南方に屈曲するのにあわせて、おそらく主要な登城口の一である沢を包み込むように築かれている。北方の斜面は険しく、南

図70 奥山荘城館位置図

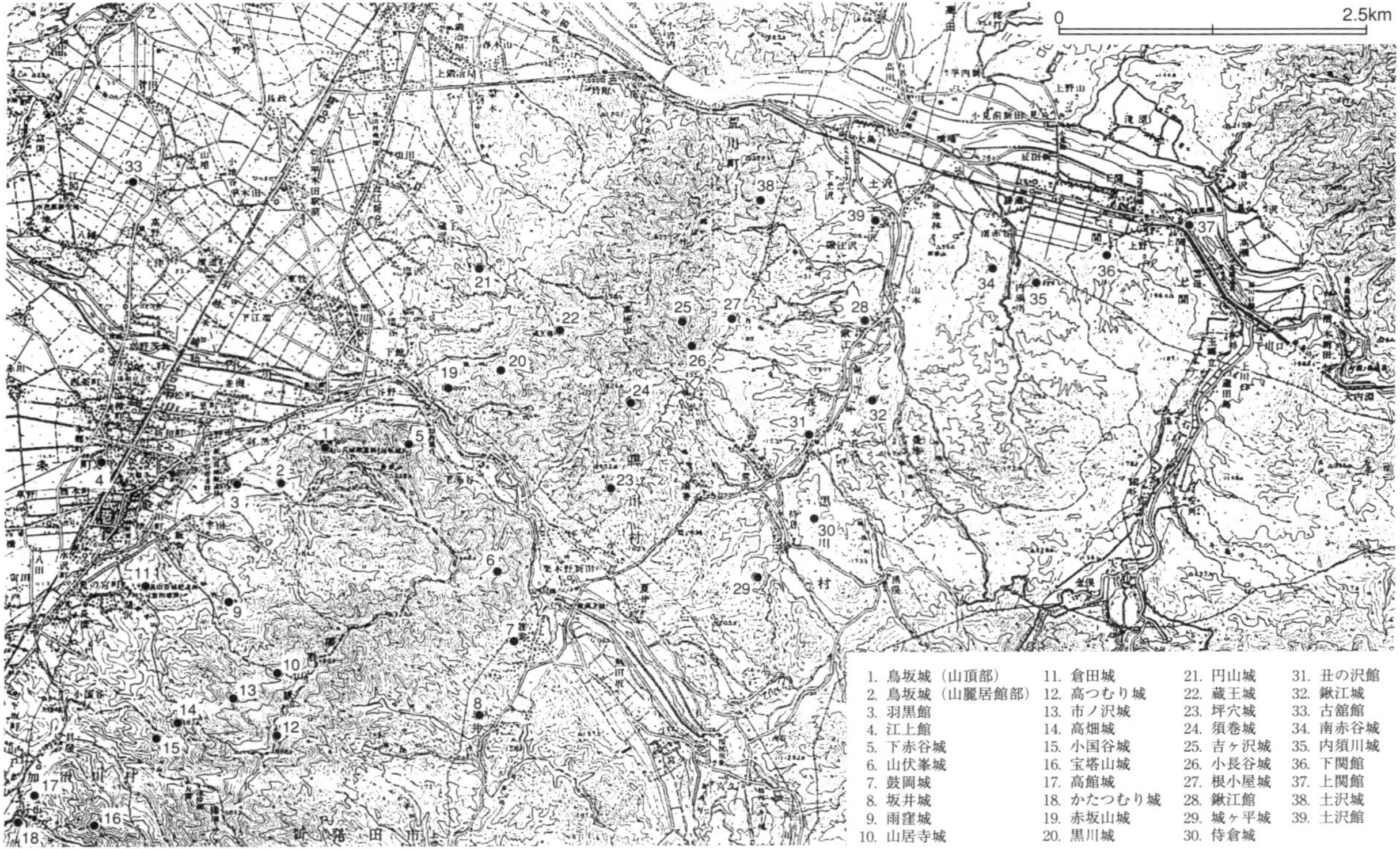

1. 鳥坂城（山頂部）
2. 鳥坂城（山麓居館部）
3. 羽黒館
4. 江上館
5. 下赤谷城
6. 山伏峯城
7. 鼓岡城
8. 坂井城
9. 雨窪城
10. 山居寺城
11. 倉田城
12. 高つむり城
13. 市ノ沢城
14. 高畑城
15. 小国谷城
16. 宝塔山城
17. 高館城
18. かたつむり城
19. 赤坂山城
20. 黒川城
21. 円山城
22. 蔵王城
23. 坪穴城
24. 須巻城
25. 吉ヶ沢城
26. 小長谷城
27. 根小屋城
28. 鍬江館
29. 城ヶ平城
30. 侍倉城
31. 丑の沢館
32. 鍬江城
33. 古舘館
34. 南赤谷城
35. 内須川城
36. 下関館
37. 上関館
38. 土沢城
39. 土沢館

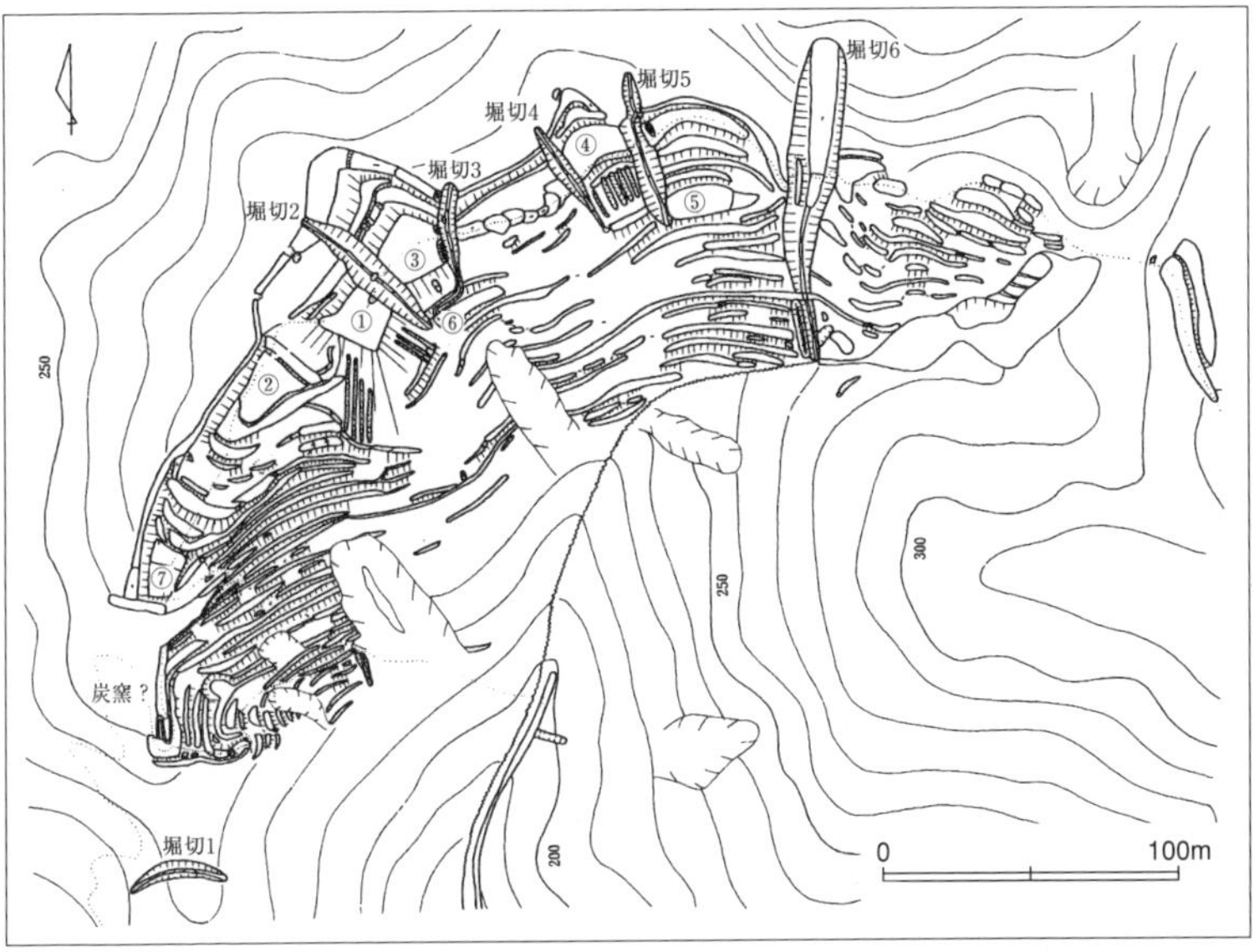

図71　中条の城館１　鳥坂城跡（山頂部）

斜面は比較的緩傾斜で、遺構も尾根筋より北方には少なく、南方に多い。かなり普請の手が加えられており、中条氏の本拠にふさわしい威容を誇っている。堀切は、六条が認められ、最も山上側の堀切6は、幅一六メートル、長さ一一〇メートルにも及ぶ長大なものである。

主要な郭として第1遺構群の堀切2の南に位置し、南斜面に四条・東斜面に三条の竪堀群をともなう①郭、そこから南西に下った②郭、堀切2と3に囲まれた③郭、堀切4と5に囲まれ斜面に五条の竪堀群を有する④郭、堀切5の南端の東側の⑤郭、堀切3を南に下った③郭の下方の⑥郭、尾根の先端に位置する⑦郭等がある。これらの郭群は、長辺二〇メートル程度のものが多く、土塁は③郭の東辺に認められるのみである。なお最高地点の堀切3と4の間は岩肌が露出しており、通路あるいは物見に使用されたのであろう。主郭は、①・③

のいずれかであろうが、現時点では不明である。

また本城跡で特徴的なことは、南斜面に認められる段切群で、①郭下で二〇段以上、⑤郭では一五段に及ぶ。これらは、第一義的には斜面の直進を遮る施設であり、部分的に郭群の斜面下の通路に使用されたものであろう。さらに、堀切6の東側にも郭および段切群が認められることから、ある時期以降の拡張等が考えられる。加えて、時期を明確にできない憾みがあるが、⑦郭と堀切1の間の尾根筋の西側斜面には炭化物層が露出しており、大規模な火災あるいは炭窯の存在が想定されるところである。

時期については、①郭に展望台を建てるときに発掘調査が行われているのみであり、存続期間を明確にし難いが、表採遺物から十二・十五〜十六世紀に使用されていたことが想定でき、文献とも一致する。なお、本城は、一九八四（昭和五十九）年に史跡指定を受けている。

鳥坂城跡山麓居館部（2）

山上の郭群と一体をなす、標高七〇《メートル》ほどの南麓に築かれた郭群である。いわゆる根小屋式城塞の居館部分にあたる。また、本居館群から段丘端に築かれている羽黒館跡までの段丘中位面は、空間的に一体をなすものととらえられ、城域は谷間全体と考えられよう。

居館群は、残念ながら南半部が田地となっており、今のところ指定地よりはずれている。ただし地下部分については、遺存している可能性が高く、山林部分の土塁は良好に遺存している。

①郭は、凸形をしており、面積は五〇〇〇平方《メートル》ほどである。前方（南）の土塁が削平されているが、後方の土塁は良好で、範囲は明瞭である。②郭は、①郭の西側の郭で、五〇〇〇平方《メートル》ほどを測るが、いくつかの部分に分割されると思われ

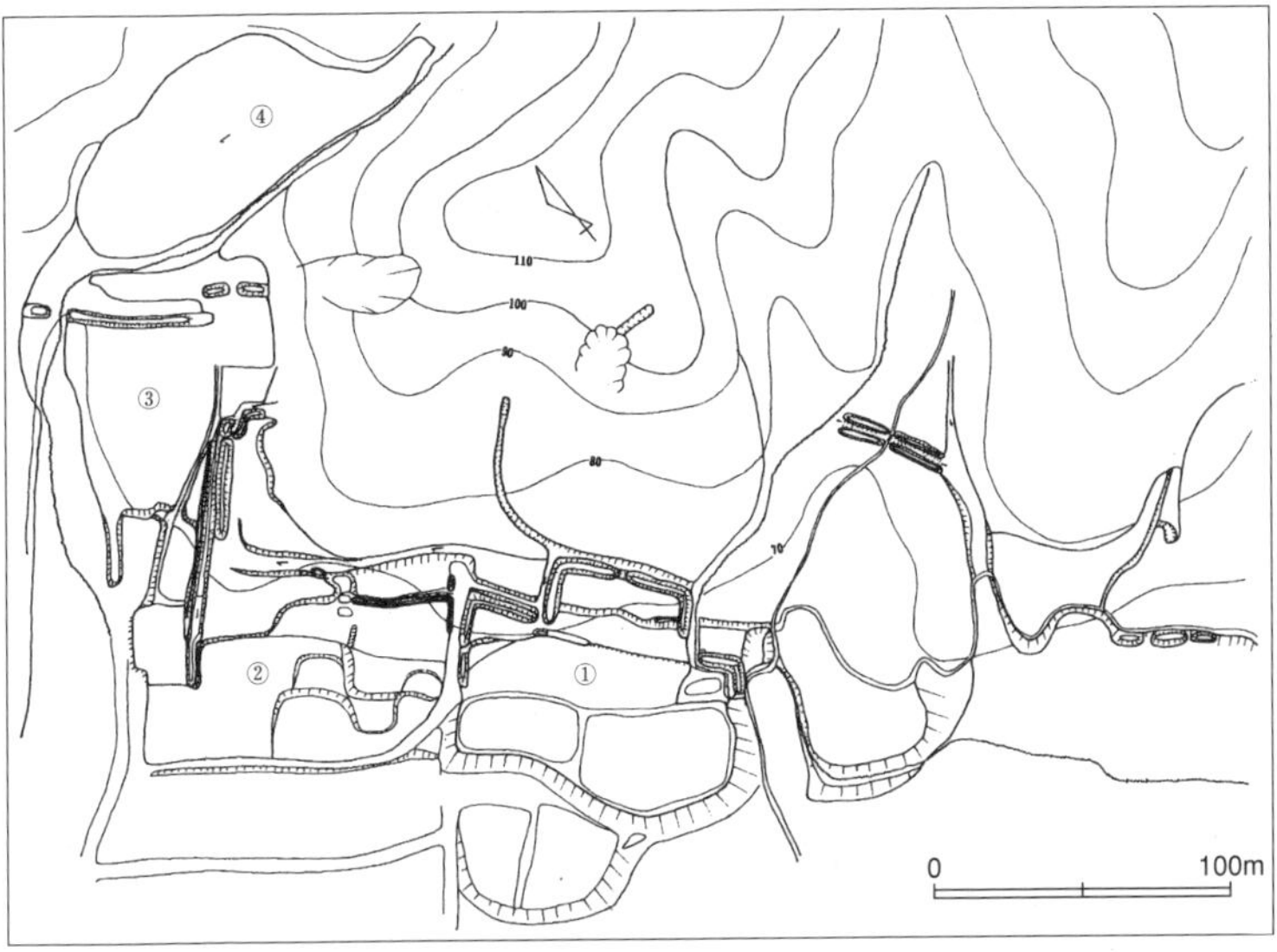

図72　中条の城館２　鳥坂城跡（山麓居館部）

る。③郭は、②郭の北方奥に位置し、三〇〇〇平方メートルほどの平坦地である。西側を谷川、東側を堀（道？）・土塁で、後方（北）を食い違い土塁で防御している。なお、①郭と③郭の間の山裾には通路が認められる。なお、③郭の後方には谷川が流れ、そこから東側へとつづくなだらかな傾斜地に④郭がある。ただし④郭は、自然地形かもしれない。なお、①郭の東方には、宮の入登山道があるが、①郭から奥へ一〇〇メートルほど入った地点には、二重の土塁が築かれており、当時から山頂部への登り口であった可能性が高い。さらに宮の入登山道より東方の山裾にも遺構は伸びているが、土塁はともなわない。現時点では、やや明瞭さを欠くが、山頂部への城道と考えられる白鳥登山道入り口（宮の入から約三〇〇メートル）まで、遺構はつづいているようである。

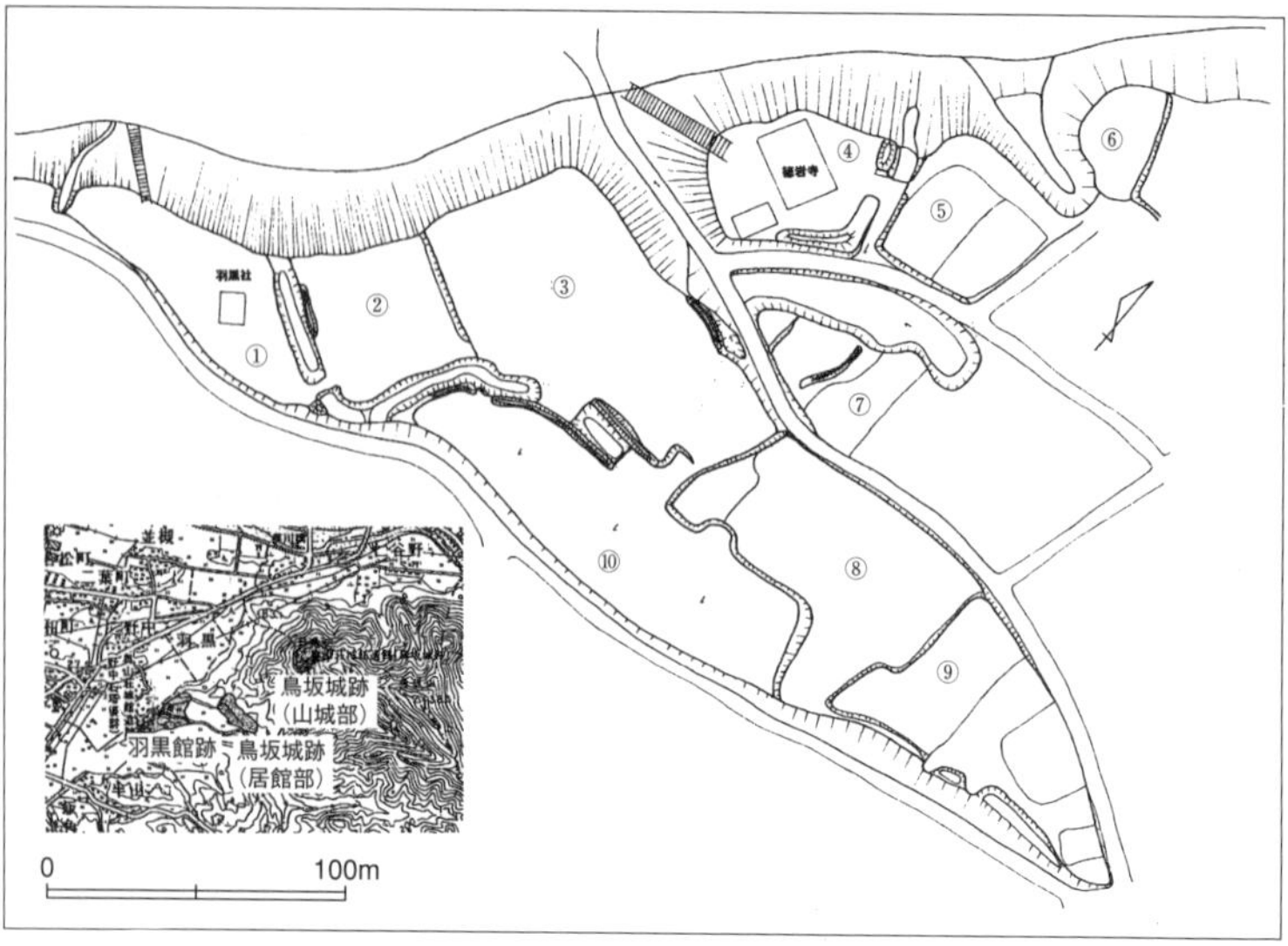

図73　中条の城館３　羽黒館跡

羽黒館跡（3）

鳥坂城跡の谷の入り口を塞ぐ地点に位置する館跡で、標高四五メートルほどの段丘端に三五〇メートル以上にわたって築かれている。段丘下の標高は、三〇メートルほどで天然の要害といえよう。本館跡は、当初中条氏の庶子羽黒家の居館であったと思われるが、応永の大乱を経て、中条家の支配下に置かれたと考えられ、鳥坂城跡の大手門的存在として位置づけられる。土塁については、一部が遺存しているだけであるが、堀は明瞭に認められる。

前面に⑥郭が位置し、①郭に羽黒社が、④郭に徳岩寺が建てられている。現状は、境内地の他は大部分は畑となっているが、⑤・⑦郭は田地、⑥郭は山林となっている。⑨郭の東方は、田地であるため明確ではないが、郭がつづいている可能性もある。発掘調査は行われていないが、表採資料には、珠洲甕・擂鉢、越前擂鉢、青磁、白磁、瀬戸・美濃天目茶碗、粉挽臼等があり、十五〜十六世紀の年代観が与えられる。鳥坂城跡と切り離せない遺跡であり史跡への追加指定がのぞまれる。

坊城館跡・江上館跡（4）　Ⅵ章、Ⅷ章2節を参照のこと。

下赤谷城跡（5）　鳥坂城跡より鳥坂山頂を経て、北方へ張り出した標高三三〇メートルほどの尾根の先端に築かれている。旧町村境の尾根端である。この城は、もともと同族でありながら何かにつけて敵対してきた黒川家の居館および山城を胎内川の対岸にのぞむ位置にあり、中条家にとって重要な支城であったと考えられる。

　遺構は、Y字の尾根の先端に認められ、幅八メートル、長さ四五メートルにわたる堀切によって尾根筋が遮断されている。Y字の結接点の主郭と目される郭には、コンクリート製の休憩所が建てられている。南斜面には、二段の段切群が認められるが、概して小規模（東西六〇メートル）である。

山伏峯城跡（6）　櫛形山脈が北方で西へと屈曲する地点からやや下りた標高三五〇メートルほどの尾根端に築かれている。本城も下赤谷城と同じく、胎内川を挟んで黒川氏の城と対峙している。

　遺構は、東側の平坦面とその西側の小規模な郭群（東西一九〇メートル）よりなる。東側は、東西七五メートル×南北三〇メートルの平坦地（東端が一段高く、西側は一三メートルに狭まる）およびそれを区切る幅三メートル未満の堀切（溝？）のみからなる。西側は、小さな削平地が認められるが、さらに西側に堀切がなければ遺構とみなし難いほどの規模である。その堀切は、二重堀切で、東（郭）側は幅四メートル、長さ八メートル、西側は幅六メートル、長さ二〇メートルのものが並ぶ。きわめて広い郭（三四〇〇平方メートル）を有している点が特徴であるが、ほかの諸城にくらべてかなり異

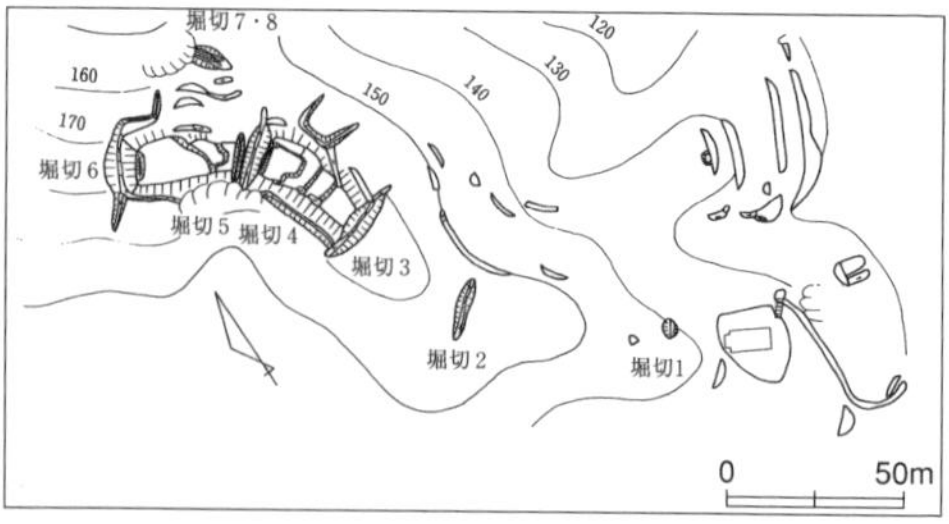

図74　中条の城館4　鼓岡城跡

質で、その性格を考えていく必要がある。

鼓岡城跡（7）

櫛形山脈の東側の谷間に面する鼓岡の裏山の標高一二〇～一七〇メートルの尾根端に、二三〇メートルにわたって築かれている。尾根の先端には大山祇社が鎮座しており、遺構の一部を削っているものと思われる。中条の諸城のなかで最も普請の凝っている部類に入る。

尾根筋は、六つの堀切によって区切られており、堀切3より下方には遺構が少ない。城の中心は、堀切3と6に挟まれた郭群で、堀切4・5および7・8は二重堀切である。最も奥の堀切6はとくに大規模で、幅九メートル長さ三〇メートルにも及ぶ。また堀切3・4・6には、両脇から郭の横の段切等への通路が認められる。

雨窪城跡（9）

櫛形山脈の西側、谷の開口部より一キロほど奥へ入った標高約一五〇メートルの尾根上に築かれている。遺構は、南北一八〇メートル、東西一〇〇メートルほどの範囲にL字形に認められるが、尾根上の郭群およびそこから北へ一五メートルほど下った平坦面がおもなものである。尾根の両脇の飯角および半山の谷間をにらんでつくられているが、三〇×二〇メートルほどの平坦面（居館部分か）を有する半山よりの城といえよう。段切状の二本の堀切が下からの尾根筋を断ち切る。また、遺構を南北に二分する位置にも堀切が設けられており、幅九メートル、長さ二〇メートルに及ぶ。これは、北方の居館で支えきれなくなった場合、南方に退いた後の防御ラインと位置づけられよう。ただし尾根

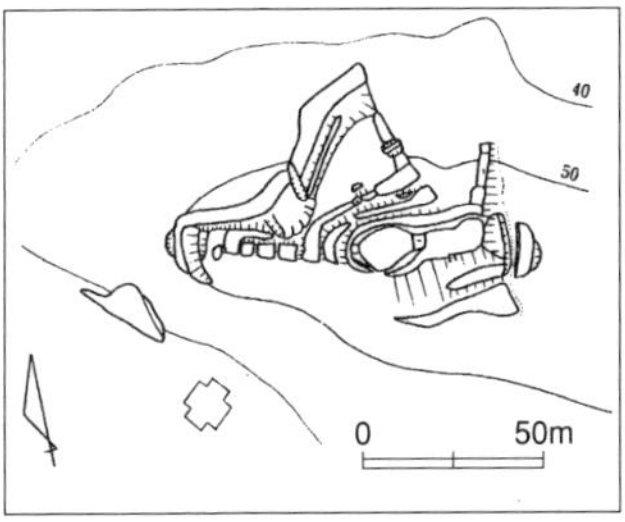

図75　南条の城館　倉田城跡

の上方には、堀切は認められない。

山居寺城跡（10）　櫛形山脈の尾根筋より西側へ四〇〇メートルほど下った標高三六〇〜三九〇メートルの尾根上に築かれている。遺構は、一六〇メートル（堀切を除く）にわたって認められ、かなり手の込んだ細かい普請がなされている。また郭群を囲むように、南北に段切をかねた通路がめぐらされており、きっちりとまとまっている。郭の東（山上）半分は、一五〜五〇平方メートルほどの小規模な群をなし、西半分には一〇〇〇平方メートルほどの平坦面が存し、一部に集石が認められる。堀切は、尾根の上方に一条のみ認められ、幅一四メートル、長さ一五メートルに及ぶ。中条の最南の城であり、戦略的に重要な位置を占めていたと考えられる。

（二）南条の山城（金山郷を除く）

倉田城跡（11）　櫛形山脈の西側、関沢の現集落を見下ろす標高六〇メートルほどの尾根の先端に築かれた山城である。東西に堀切を有し、その間にコンパクトにまとまっている。規模は、一〇〇メートルと小さい。奥山荘城館遺跡の一つとして史跡に指定されているが、どのような位置づけが与えられるか現段階では不明である。ただし本城の後方には、寺山とよばれている地点があり、一〇基以上の板碑が建てられていたといい、現在関沢集落の集会所に移されている。あるいはこの寺院との関連で理解することができようか。

高つむり城跡（12）　櫛形山脈の最高所近くの標高五六八メートルほどの尾根上に位置し、北方・東・西の三方の尾根に堀切を有している。郭はいたって単純であるが、堀切は幅六～一二メートル、長さ一七～三四メートルとしっかりしたものである。なお、北端の郭に狼煙台跡といわれる径六メートルの低い土塁状の高まりに囲まれた部分があり、この部分について、二〇〇五（平成十七）年度に試掘調査を行った結果、中央より炭化物土坑がみつかり、狼煙台である可能性が高まった。本城は、南方より防御する形態を呈しており、中条に対して築かれたといえよう。

市ノ沢城跡（13）

櫛形山脈の尾根筋より西側へ六〇〇メートルほど下った標高二八〇～三四五メートルの尾根上に築かれている。遺構は、尾根に沿ってY字状に認められ、約二〇〇メートルの範囲にわたっている。郭の中心は、尾根の分岐点に設けられた三つの郭で、最も広いもので約一二〇平方メートルである。堀切は、三カ所に認められるが、最も上方のものは幅二六メートルにも及ぶ大規模なもので、底面に段を有している。これは、今回報告する諸城のなかでも屈指の規模である。

高畑城跡（14）

櫛形山脈の南端の標高二六〇メートルほどの尾根の北斜面に築かれている。尾根上には、堀切一条と小さな二三の郭のみが認められ、堀切以南について発掘調査が行われている。その結果、幅七・五メートル、深さ三メートル、長さ二四メートル以上の堀切が確認された。ほかに関連する遺構・遺物はほとんどないが、可能性のあるものとして砥石二点が出土している。

城の主体は、主尾根から北方へ派生した尾根上と、北斜面下にある。斜面には郭が点在するが、前者の先端には約二〇メートル四方の郭が認められ、後者にも幅六～八メートルで長さ六五メートルにも及ぶ郭が存在する。そして本城で特徴的なことは、竪堀群の存在である。竪堀群は、二条が後者の郭の北端の真下に、七条が同郭から谷へと降りていく主要道の西側斜面に穿たれている。この竪堀群は、鳥坂城をはじめ特定の城にのみ認められ、どのような意味をもっているのかを考える必要がある。

坂井城跡（8）　櫛形山脈の東側の谷間に面する、坂井の裏山の標高一五〇メートルの尾根端に築かれている。名の示すとおり、荘境の城と思われ、おそらく奥山荘と加地荘の境であろう。規模は、尾根端七〇メートルの範囲を占めているにすぎない。幅五メートルの堀切で区切られており、その南方は郭群の下方へ三〇メートルも廻り込んでいる。郭群は、南斜面に四段にわたって認められるが、概して小規模である。

本城は、一九九八（平成十）年に当時の黒川村教育委員会によって、確認調査が行われたが、遺物の出土がなかったためか、本調査が行われることなく、土採りによって消滅した。

（三）金山郷の山城

小国城跡（15）　高畑城跡の南の沢を挟んで、相対する位置の標高一八〇メートルほどの尾根上に築かれている。遺構は、一三〇メートルほどの範囲にコンパクトにまとまっているが、かなりの普請の跡が認められる。尾根筋は、段切および堀切によって区切られた小さな六つの郭群よりなる。奥側は、段切を行い、直下の尾根を両脇からえぐるかたちとなっている。尾根の南斜面には、二〇×一二メートルほどの平坦面が認められ、前方の段切は険しい。さらに下方の郭の前面（西）には、四条の竪堀群が刻まれている。そして一段下った場所にも一〇×八メートルの郭が認められ、前方が開けていることから、本城への大手は、尾根筋ではなくこちら側の谷筋にあったものと思われる。

願文山（宝塔山）城跡（16）　大峰山から派生する標高二一〇〜二四〇

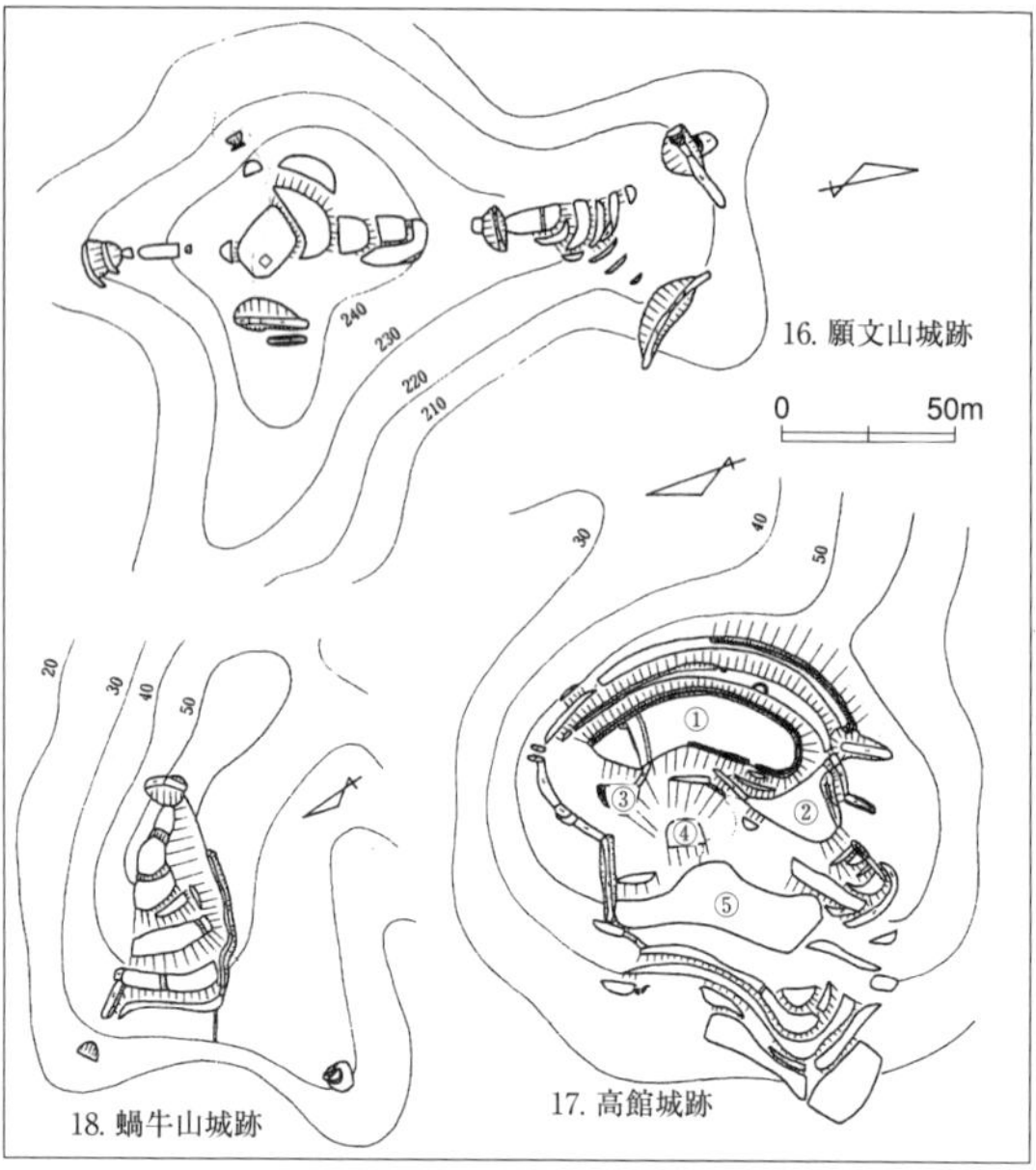

図76　金山の城館　願文山城跡・高館城跡・蝸牛山城跡

メートルの尾根上に築かれている。登山道が東西に横切っているが、遺構はおもに南北方向に認められる。遺構は、南側の郭群と北側の郭群よりなる。南側は、比較的大きな平坦面を有するが、奥および北の尾根筋を堀切によって切っているのみで、山下側の西側に堀切はない。ただし奥は二重堀切となっている。これに対して、北方は厳重で、三方を堀切によって切っている。これは、前方の敵（南条からの侵入者）を想定して築かれているといえよう。ただし、その当面の敵をいずれの勢力と想定していたかは不明である。可能性としては、関沢氏あるいは黒川氏などがあげられようか。なお本城跡は、以下の高館城跡・蝸牛山城跡とともに、一九九四（平成六）年三月付けで奥山荘城館遺跡に追加指定されている。

高館城跡（17）

上の宝塔山城より降りてきた、現在の金山集落の北方の標高三〇〜六〇メートルの裏山に築かれている。尾根の先端に立地するため、平場の館に比して防御性にとんでいる。頂部には、幅一五メートル、長さ五五メートルほど（八〇〇平方メートル）の①郭があり、北東部を除く周囲に土塁を配している。地形にあわせて、西方を北方に屈曲させており、北端には二つの段差が認められる。尾根側（後方）には、三段の段切をめぐらしている。これにともなう幅三メートルほどの二段の平坦面は通路として利用されたものと思われるが、頂部のすぐ下の段は北半部を、二段目は尾根の正面を、たがいに土塁状に掘り残している。前者は、西方で②郭に通じ、後者は東方をまわりこんで、竪堀を下り⑤郭に達する。

尾根側に、①郭へ入る虎口は開かれていないものと思われる。①郭の西側下方には、二〇〇平方メートルほどの②郭があり、南辺に土塁を配している。さらに北方へ下ると、①郭の扇の要の位置に七〇平方メートルほどの④郭があり、それを経て①郭に匹敵する面積を有する⑤郭にいたる。また、①郭の北方から五メートルほど北に下った地点には、六〇平方メートルほどの③郭があり、北辺に土塁を配している。これは、東方から廻り込んでくる敵に対し、横矢を放つための防御施設であり、北方に開けている平地部分の物見の役目をかねている郭と位置づけられよう。さらに⑤郭の下方（西方）にも、四～五段の段切群および平坦地が認められ、墓地となっている。本城は、土塁を多用する点で、尾根上の城館に比してやや異質である。

蝸牛山城跡（18）　現金山集落の南へ廻り込んでくる標高二二五～五〇メートルの尾根の先端に築かれており、高館城跡とともに金山の谷を固めている感を受ける。遺構は単純であり、尾根筋を堀切り、六段ほどの郭群からなっている。堀切から西～北辺へ段切を施し、西方には四〇メートルにわたって幅二メートルほどの堀が認められる。なお、尾根の先端がY字に開いているが、それぞれに段切等の普請を行っている。

(四) 北条の城館

赤坂山城跡 (19)

　黒川氏の居館「下館館跡」の東を限る二重堀のすぐ南方、戸ノ裏沢を挟んだ丘陵端を上がった標高一八〇～二〇〇メートルの尾根上に位置する。標高一八〇メートルの郭とその東の二〇〇メートルの郭を中心に遺構が残っている。それらの郭の間には堀切はなく、派生する四つの尾根上に堀切をいれている。前者の郭より南に延びる尾根を断ち切る堀切は、最も大きく、幅一二メートルを測る。堀切の底面より、南へと掘り込みがつづいており、あるいは南方への通路があったのであろうか。本城は、尾根続きの黒川城の前衛をなし、胎内川を挟んで中条氏の下赤谷城・鳥坂城と対峙する位置に築かれている。居館東方の監視および黒川城への通路の確保という、重要な位置づけをもった城といえよう。

黒川城跡 (20)

　城は、標高一八〇～三〇〇メートル、東西四〇〇メートルにもまたがっている。ただし郭は小規模なものが多く、最大でも二〇〇平方メートルほどである。国人領主黒川氏の山城とされている。

　遺構は、尾根が二股に分かれる部分を中心に築かれており、一〇条もの堀切が認められる。空間的には、Y字の付け根を中心とした堀切2・3・6に囲まれた中核部分、堀切6～10に囲まれた最前線部分に分かれる。中核部分には、二〇〇平方メートルほどの郭が四つ認められ、Y字の付け根の②郭が重要な機能を果たしていたものと考えられる。ただ、位置的には①郭が上方にあり、主郭の位置を占めるのではないかと思われる。

　次いで前線部分であるが、⑤郭の上下方に五条の堀切を穿ち、徹底的に侵入を拒んでいる。とくにさらに分岐する尾根の南側には、幅一〇メートル、長さ三〇メートルにも及ぶ堀切を二重に設けており、南方に対する構えとなっている。おそらくこちらが大手となろう。また堀切6の下方には、石積遺構も認められる。そして堀切3〜5の間には、小規模な郭が連続し、堀切5にいたって谷へと下っていることから、搦手と位置づけられようか。

本城は、中条家の鳥坂城と同じく、日常の居住空間が備わっているとは思えないため、あくまでも詰の城として位置づけられていたと考えたい。ただし規模的に突出しており、国人領主黒川氏の持城にふさわしいところである。

なお、二〇〇三（平成十五）年に二重堀切部分の確認調査が行われている。

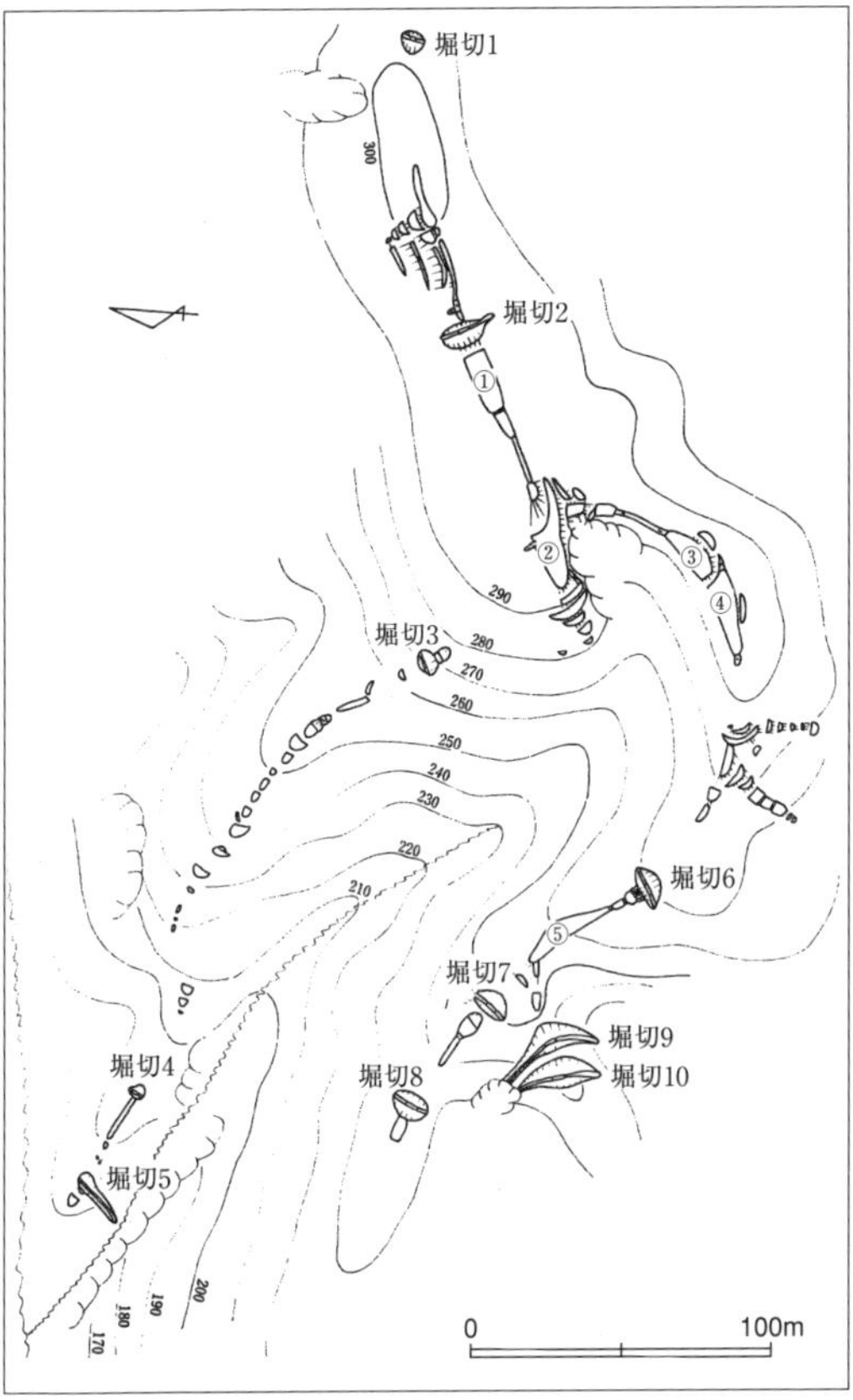

図77　北条の城館1　黒川城跡

円山城跡（蔵王砦跡）（**21**）　蔵王集落の裏手南東側の標高一五五・七メートルの「円山」に築かれている。金峰神社（蔵王権現）へとつづく北方の尾根に二重の堀切、正面にある北西の尾根にも

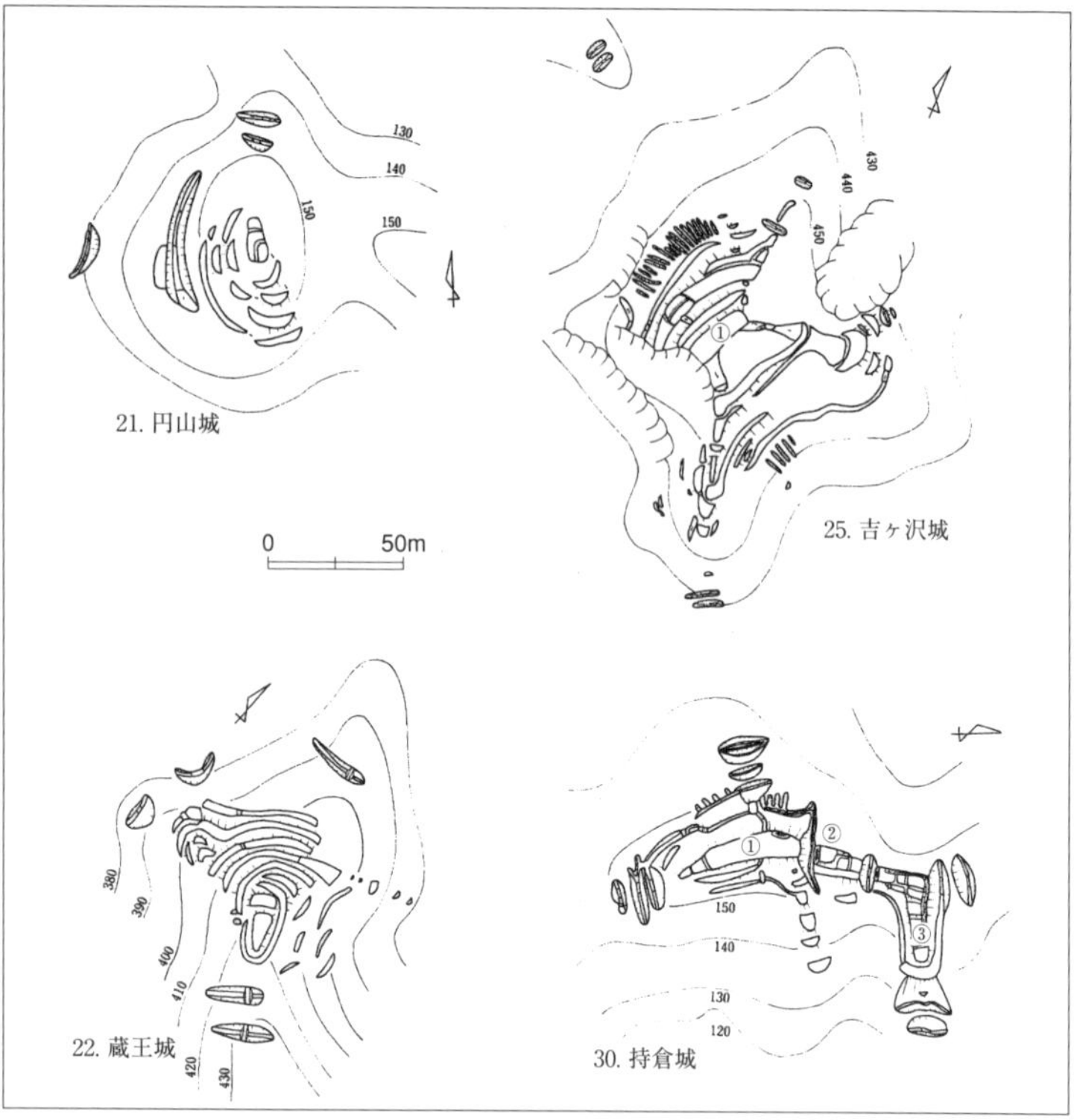

図78　北条の城館 2　円山城跡・蔵王城跡・吉ヶ沢城跡・持倉城跡

二条の堀切を有しているが、尾根上の東方は自然地形を利用しているため、特段の普請はされていない。これらのなかで、北西の上方の堀切は総延長五〇《メートル》にも及ぶ長大なもので、堀切から横堀へとつづくものである。頂部付近は、小規模な削平地が四〜五段に残るのみである。

蔵王城跡（22）　標高三八〇〜四二〇《メートル》の尾根の分岐点に位置し、蔵王権現より一五〇《メートル》ほど下った地点に築かれている。三方の尾根にそれぞれ堀切をめぐらせているが、参道となっているため南北の堀切三条は鞍部分が埋め立てられてしまっている。郭は、最高部の郭を中心にして、その前面（北〜

西）に帯郭が七段ほどめぐらされている。また、東方にも小規模な郭の連続が認められる。

本城はその立地からして、黒川氏が篤く信仰した蔵王権現を背景に築かれた城といえようか。

坪穴城跡（23）　坪穴集落の北方に東南に張り出した、標高二三〇～二七〇メートルの尾根上に築かれている。尾根の前方に小規模な堀切を配し、尾根筋を二条の堀切で区画している。とくに中央の堀切は雄大で、幅八メートル、総延長四〇メートルにも及ぶ。この堀切を挟んで南北に郭群を配するが、南方の郭が主要な位置を占めている。これは、郭面積に加え、大堀切の南側を四メートルも削平して郭の普請を施していることからも推測される。

なお踏査の際、珠洲および越前の壺の破片を一点ずつ表面採集しており、本城におけるある程度の居住機能が想定されるところである。表採地点は、いずれも最先端の郭であり、二点とも胴部～底部の破片のため時期は判然としないが、十五世紀以降の所産であるように思われる。

須巻城跡（24）　須巻集落の谷奥、南東に張り出した標高三三〇～三七〇メートルの尾根上に位置する。最高所の郭（主郭）を中心に郭が一七段ほど連続しており、四条の堀切（段切）によって画されている。とくに主郭と目される郭の北方の段切は深く、さらに尾根の両脇には二条ずつの竪堀を入れるという構造を有している。これは、北方の尾根を幅一六メートルにわたって断ち切った結果生じた堀底の平坦面を強化したものと考えたい。また、尾根の東側には横堀様の削平地がつづいており、主郭部分を通らない南北通路が設けられている。これは、後世に南西方向からくる道に転用されている。

吉ヶ沢城跡（25）　高坪山頂を挟んで、蔵王城（蔵王権現）と対置される。標高四二〇～四六三メートルの黒川領のなかで最も高所に築かれている城である。ただし、普請は厳重で、①郭を中心に四方に郭を展開させている。また東西ともに、南北の尾根をつなぐ通路が確保されており、移動性に富んだ構造となっている。堀切は、北方に二条、西方に二条、東方に一条、南方に二条を配し、東西の斜面にはそれぞれ五条・一九条の竪堀群が認められる。また、以下の小長谷城・根小屋城を南・西の尾根続きに配しており、高坪山系の東側をにらんでいる。

小長谷城跡（26）　次の根小屋城と同じく、吉ヶ沢城跡の前衛をなしており、その南尾根より三〇〇メートルほど下った標高三二〇～三四〇メートルの尾根の先端に築かれている。郭群は、堀切から一九段ほど連続しており、基本的に須巻城と似た構成をとる。ただし、前方に堀切をもたない片切型の城である。

根小屋城跡（27）　小長谷城と同じく、吉ヶ沢城跡の前衛をなしており、その東尾根より五〇〇メートルほど下った標高二五〇メートルの尾根の先端に築かれている。中央の郭より南方に五～六段の郭群を配し、前方に一条、後方に二重堀切を穿っている。また郭群の裾をめぐって、南北両側に堀切間をつなぐように通路がつくられている。そして、二重堀切の尾根下が緩傾斜となっているため、そこには横堀が入れられている。コンパクトにまとまっているが、二重堀切・堀切を結ぶ通路・横堀等の技巧をこらした城である。

鍬江館跡（28）　鍬江集落の西側、西山川と鍬江沢川の合流地点付近の河岸段丘に位置し、現在は畑地～山林となっている。北方および西方を幅一二～二二メートルの大規模な堀で画し、南西を西山川、南東を鍬江沢川に囲まれるという、厳重な構えとなっている。東方については明らかではないが、鍬江沢川へと堀がめぐっていたものと思われる。郭は現状では、堀切をともなう四〇〇平方メートルほどの東郭と、四〇〇〇平方メートルにも及ぶ西郭からなる。

西郭には、段丘下に降りる通路が東端と中央にあり、中央部分は虎口である可能性があるように思われる。東郭には、部分的に土塁の痕跡が残っており、元来は土塁が周囲に築かれていた可能性もある。なおその東方には、堀の切れ目に土橋状になっている部分があり、これも虎口候補となろう。なお、北方の堀には、大きなクランクが入れてあり、堀底の直進防止および横矢がけの効果を狙ったものと思われる。

城ケ平城跡（29）　持倉集落の南西、標高一二〇〜一五〇メートルの尾根上に築かれている。郭はきわめてシンプルで、二つの尾根に展開している。四方の尾根に堀切を穿っているが、尾根続きの西方には、城の構造に不釣合いとさえ思える三重堀切が認められる。なお、西方の堀切も幅一六メートルに及ぶ規模の大きなものである。

持倉城跡（30）　持倉集落の北東に延びる標高一二〇〜一五二メートルの尾根上に築かれている。尾根の先端ではなく、集落の横合いの地を選んでいる。主郭は、上手の①郭と思われ、三〇〇平方メートル弱を測る。南方には三重の堀切を、西方には四重の堀切および八条の竪堀群・横堀を、北方には堀切を一条隔てて②郭にいたる。①郭の両側には通路としての腰郭が二本ずつ存在する。虎口は、南側の二番目の堀切の西側に認められ、そこから腰郭を北へ移動し、西側の堀切の上方から①郭のやや北方にいたるという城道が想定される。①郭からは、東方の腰郭、もしくは①郭と②郭の間の堀切から南方に延びる横堀を通って、②郭の東側をまわり、さらに③郭をめぐるという城内通路が考えられる。②郭には三つの郭が存在し、堀切によって③郭と隔てられている。③郭は、東方の尾根へとL字形に郭を連続させており、南北に三段、東西に六段が認められる。南の堀切脇および北~西辺には、土塁がめぐらされている。北方・東方には、二条ずつの堀切が穿たれており、北側の郭直下の堀切の底面は、そのまま東方へ延びて東方の堀切の上方を通過し、さらに③郭をめぐり、②郭と③郭間の堀切へとつづいている。また東方の上方の堀切は、底面がW字状となっており、注目されるところである。

このように一三条もの堀切をもって画された持倉城は、黒川の諸城館のなかでも特異な存在であるといえよう。なお本城は、①郭の存在から、生活空間であった可能性も考えられよう。

丑の沢館跡（31）

大長谷集落の西側の尾根上に位置する。南方は、崖崩れのため部分的に崩されている。もともとは一〇〇平方メートル程度の郭であったと思われる。南方を除く三方が堀によって区切られており、北・西辺には、基底部幅一・五~三メートルの土塁が認められる。北方につづく尾根上には、小郭が認められるが、基本的に単郭であり、持倉城とは別の意味で特異な存在である。あるいは、城館以外の性格を考えるべきであろうか。

鍬江城跡（32）

鍬江沢川の右岸、鍬江集落の南方に派生する標高九〇~一二五メートルの尾根上に築かれている。遺構は、南北の尾根上の①・②郭群およびその西斜面の③郭群、そこから西側に展開する④郭群よりなる。①・②郭の間は自然地形で窪んでおり、その谷間は③郭へとつづいている。①郭は、北側に二条、東側に二条の堀切を有しており、北側の堀切下および北東斜面に二~三条の竪堀群をいれている。西方には尾

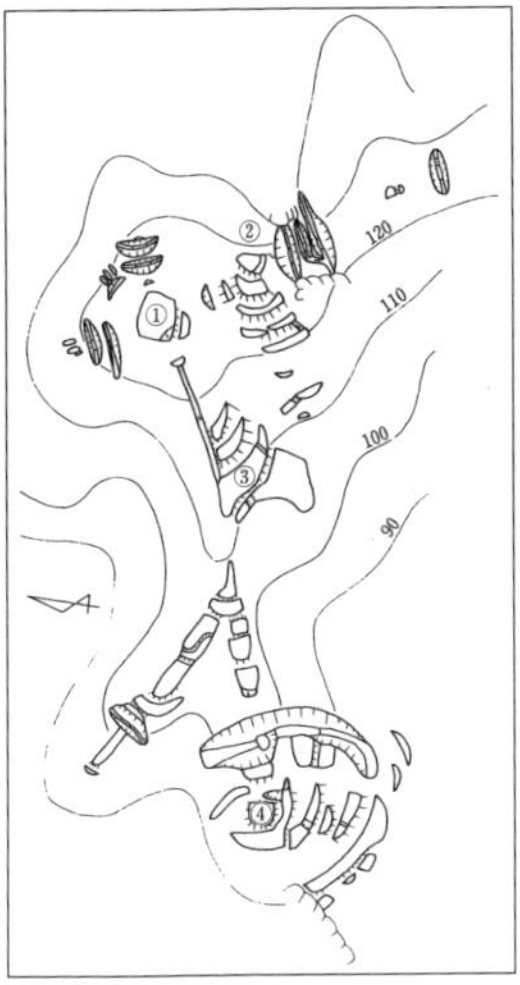

図79　北条の城館３　鍬江城跡

根上をスロープ状の道が付けられており、③郭へとつづいている。②郭は、西方に六段ほどの郭を配し、南方に三条の堀切を穿っている。さらに、南方の尾根上にも一条の堀切が認められる。③郭およびその下方には、やや広めの郭があり、その性格に興味がもたれる。次いで、さらに西側に尾根を下ると、二股に分かれ、それぞれに小規模な郭が三～四段連続する。それぞれに堀切を有しているが、南方の堀切は、総延長五〇《メートル》、幅一三《メートル》にも達する。その堀切のさらに西方には、④郭を頂点とする六段ほどの郭群が展開している。その西側は、崖を経て鍬江沢川の氾濫源となる。

本城は、③・④郭の存在によって、ある程度の恒常性が想定されるところである。

（五）高野条の館

古舘館跡（33）　三浦和田一族の高野家が館主と推定される大館跡。詳細はⅧ章を参照。

（六）関郷の城館

南赤谷城跡（34）　南赤谷集落の南方、内須川の西方の標高一〇〇～一二〇《メートル》の尾根上に築かれている。頂部の主郭を中心として、その周囲に小規模な郭が認められる。堀切を四方に配しており、南方の堀切は小規模ながら二重堀切となっている。さらに東方に延びた尾根は、二股に分かれており、北方には堀切を、南方には段切を配している。

内須川城跡（35）

内須川集落の東方の、標高一三〇〜一四二・七メートルの尾根上に築かれている。荒川方面からみると、周辺の山並みに比して突き出た小山がみえる。これが本城であり、築城の理由でもある。遺構は、頂部に数個の郭があるのみで、堀切は五つの派生する尾根のうち三方に配している。このうち、西側の堀切は小規模な段切様のものであるが、北方および南東のものは幅一六・二二メートルと大きなものである。ただし、主郭の東方および南方の尾根には、手がかけられていない。とくに南方は、内須川集落へとつづいており、その関連が推測されるところである。

下関館跡（36）

荒川によって侵食された丘陵の最先端に立地する。下方の田地との比高差は、八メートルほどである。（関）下氏の居館とされる。館跡は、空堀により三郭に分けられている。

①郭は、南北四〇メートル×東西二五メートル、面積一〇〇〇平方メートルほどを測り、四段ほどの段差が認められる。東側の北半を除いて土塁がめぐらされているが、西〜南辺以外は残りがよくない。西辺の真ん中あたりに虎口が開いており、下方の横堀および②郭への通路が認められる。なお、東方にも①郭と③郭の間の空堀へと降りる通路がある。横堀は①郭下に二条、②郭下に二条が認められ、おのおののセットとなっている。長さは、それぞれの下方のものが五〇〜六〇メートルにも及んでいる。②郭は、①郭と幅一五メートル、深さ四メートルほどの空堀で画されており、約五〇メートル四方の方形に近い形状を呈している。郭の西側は自然地形を残しており、削平された東側の南方に虎口が開かれている。南方には、

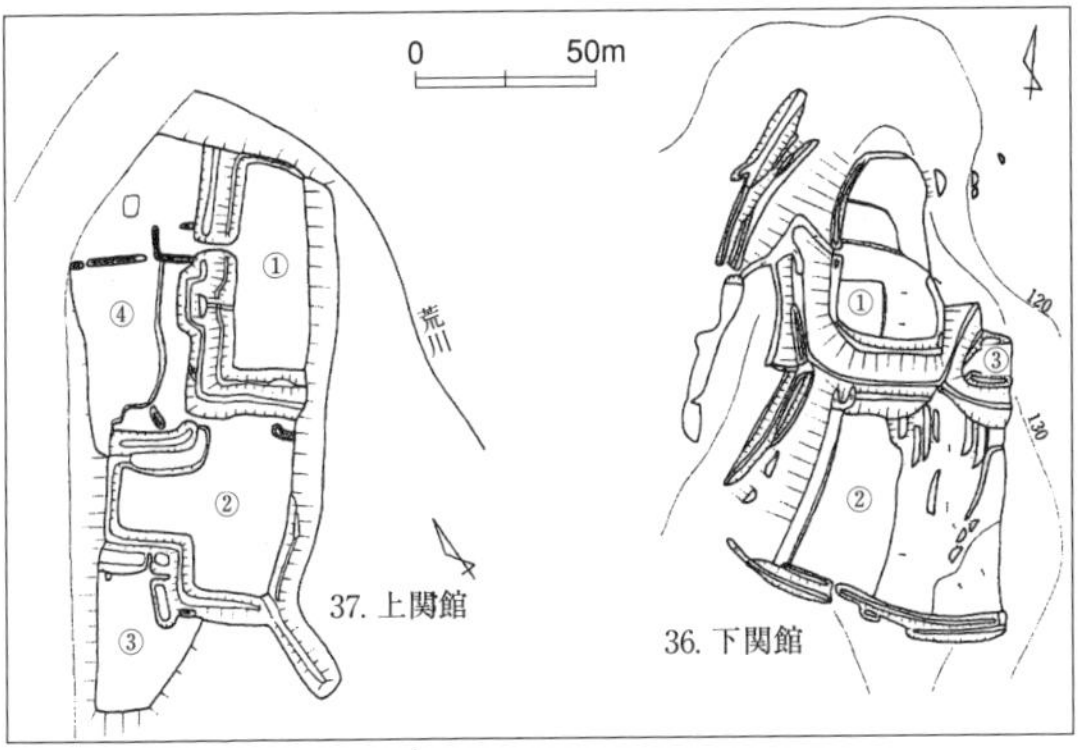

図78　関郷の城館
上関館・下関館跡

六〇《メートル》にわたる土塁と八〇《メートル》に及ぶ堀が認められ、尾根を断ち切っている。ただし、堀は部分的に埋没しており、虎口部分は土橋であった可能性がある。③郭は、①郭の南東、②郭の北東に配されている。八×一四《メートル》という小郭ながら、南辺に土塁を有し、西辺と南辺は空堀で画されている。この厳重さからは、③郭が特別な空間であったことが想定されよう。可能性としては、矢倉のような施設、あるいは宗教空間等が考えられようか。

なお、堀の在り方からみた全体的な構成としては、まず①郭にコの字形に堀を穿って画し、その後③郭を追加し、最後に②郭を設定したのではないかと思われる。よって主郭は、①郭ということになろう。

上関館跡（37）　上関集落の東方の温泉橋のたもと、荒川左岸の河岸段丘上に築かれている。当地には、「桂関」という関所が置かれ、その関吏の子孫三潴氏の居館という。

①郭は館の北東に位置し、西辺および南辺を土塁と堀で囲んでいる。南北五〇《メートル》、東西二〇《メートル》で、面積は一〇〇〇平方《メートル》ほどを測る。西辺のやや北よりには、虎口が開かれており、その外側には枡形がつくられている。この虎口の南方の西辺土塁には、凸状の折れが入れられており、横矢掛けの小郭も設けられている。なお、北方については、荒川に侵食されており、土塁の一部が残るの

みである。②郭は、①郭の南方に位置し凸形を呈する。面積は、一五〇〇平方メートルほどで、北東部分を除いて土塁が認められる。ただし、北方の土塁については、かなり崩れてしまっている。南東隅の土塁は、切れており、虎口の可能性がある。なお、そこから南方へと通路状の土塁が延びている。虎口は①郭の北西隅の堀に接する部分にも開かれており、また北東隅もその可能性がある。そして西側に張り出した部分の南北にも堀が認められるが、南方の堀には二カ所の仕切りが入り、障子堀の様相を呈している。③郭は、②郭の南西に附属する六〇〇平方メートルほどの郭である。①・②郭に比して、土塁・堀がなく、やや性格が異なるものと予想される。この②・③郭の南方は、四〜五メートルほど低くなっており、旧河道である可能性がある。

なお三潴氏は、十四世紀以降守護の被官となっており、それが館のプランに影響していることも考えられる。ただし枡形については、土塁と枡形の規模の相違や、土塁の折れと枡形の位置関係から、近世以降の所産の可能性がある。これについては、上杉景勝の会津移封後、村上周防守の家臣が本館に居を定めたという伝承があたっているかもしれない。

（七）土沢の城館

土沢城跡（38）　土沢・鍬江沢集落の西側、標高二八〇〜三三一メートルの尾根上に位置する。四方の尾根を堀切で断ち切っており、北方・東方の山麓に向いている二方はそれぞれ二条の堀切、ほかは一条ずつの計六条が認められる。なお、東方の上方の堀切と南方の堀切は、両脇が斜め下に向かってV字状に掘り込まれている。山頂の主郭①から東方の尾根にかけては、中央がへ

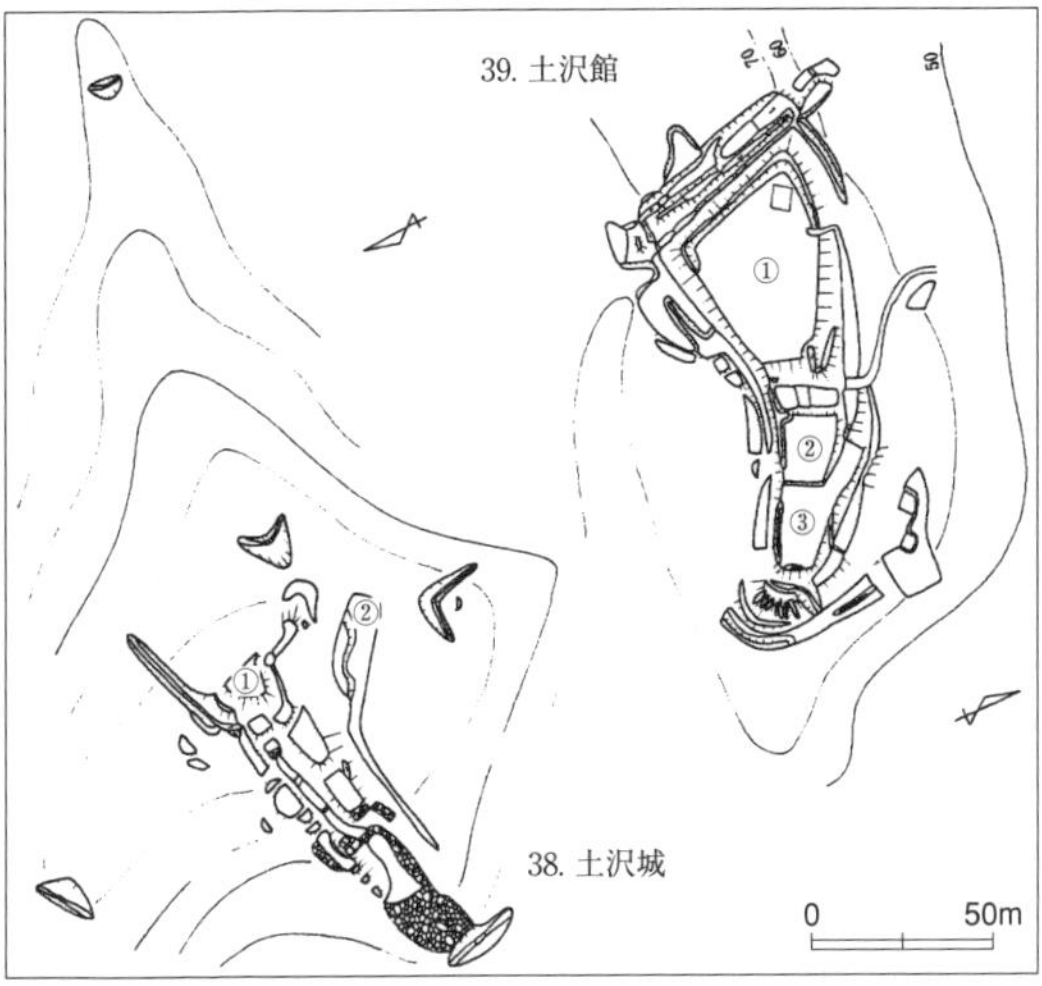

図79 土沢の城館 土沢城跡・土沢館跡

こみ二条の平行した尾根筋の郭群を形成している。また東尾根の郭群の先端から堀切までの間には、斜面に多くの石が認められる。また、主郭の南方には、二五〇平方メートルほどの郭②があり、その西端が西方の尾根下へ廻り込んでいる。

土沢館跡（39） 上土沢集落の西に延びる尾根の先端に築かれている。館は三郭からなり、最も高位の①郭が主郭と考えられる。①郭は、西辺三〇メートル、南辺四〇メートルで、西に半分に土塁が残る。やや不整形な形状を呈し、面積は一〇〇〇平方メートルほどとなる。北西隅には神社があり、北方から下方へと参道がつづいている。ただし東西の参道は、段切の底面を利用していると思われる。虎口は、北東に開かれ、前述の段切りをつたって③郭へと通じている。また、南東隅から②郭の土塁へとつづく通路も考えられる。そしてその西方は、なだらかな尾根を断ち切り、幅一六メートル、延長五〇メートル、土塁からの比高差八メートルほどの巨大な二重堀切で画されている。さらに堀底は、北方南方とも①郭の脇を廻り込み、②郭あるいは③郭へと移動できる構造となっている。①郭と②郭の間は、幅一六メートルの堀切で隔てられているが、南方は掘り残している。

②郭は、面積二五〇平方メートルほどで、南辺に土塁が残る。南東隅に南方の郭へと下る通路が認められる。③郭は、面積三六〇平方メートルほどで、南～東辺にかけて土塁が部分的に残っている。北方の中程に東方に下る通路があり、帯郭へとつづいている。③郭の東方は、さらに堀切で断ち切られ、下方には二段の三日月状の郭がつくられている。その上段には、竪堀が七条掘り込まれており、威容を誇っている。この、郭から竪堀群をいれるという技法は、持倉城と共通するものがあり注目される（ただし、持倉城は横堀の底面から掘り込まれている）。そしてさらに前方を掘り切っている。堀底は、北方へ向かってだんだんと浅くなっており、③郭の東方の堀切をつたって、郭へ上っていく通路が想定される。

なお、二重堀切の山上方面にもフラットな尾根がつづいており、遺構が広がっている可能性がある。また、その北側の斜面に階段状の平場があることも、その可能性を高めるものであろう。

2　城の比較

当地域の城の構成要素として、「堀切」「横堀」「竪堀群」「尾根筋を通過しない移動経路」「上下の遺構の比高差」等を指標として比較してみる。

ここからわかることは、黒川氏関連（関郷・土沢を含む）の一五城には、堀切を多用する手の込んだものが多く、度数一〇を越えるものが全体の半数近くに達するということである。とくに持倉城にいたっては、堀切を一三条と多用しており、黒川城の一〇条を凌駕している。城の規模に比して、異常とさえいえるほどの普請である。同様のことは、鍬江城にもいえよう。

対して中条では、鳥坂城と鼓岡城が飛び抜けていることがみてとれる。ここから中条氏にとっては、この二城が特別な存在であったことがうかがわれる。また南条・金山では、度数が一〇を越えるものがなく、中条氏との関係がうかがえよう。

なお、立地についていうと、尾根の先端およびその付近に位置するもの（1・5・7〜9・11・17〜19・21・23・24・26・27・29・32・34・35）と、より高所に位置するもの（6・10・12〜16・20・22・25・30・38）に二分できる。

このように分解することで、奥山荘の城の姿がみえてきたように思われるが、いかがなものであろうか。

次いで、居館についても少しくふれておくと、立地に三通りのものがみられる。すなわち平場に位置するもの（4・33）と、河岸段丘に位置するもの（3・28・37・39）、そして尾根の最先端に立地するもの（17・31・36）である。平場に築かれたものは、ほとんどが削平を受けているため図示できなかったが、本来は後者よりも多かったと思われる。ただし時期的な関係については、前二者は十五世紀以前からの居住を示しており、尾根の先端部のものは戦国期に入ってから取り立てられた可能性を考えたいところである。

そして、これらに含まれないものには、根小屋式城郭であり、山麓に位置する鳥坂城の居館部分（2）がある。また大局的にみれば、高館城跡（17）は宝塔山城跡（16）と、土沢館城跡（39）は土沢城跡（38）と、それぞれに根小屋式城郭を形成している。これは、中条氏およびその有力庶子である金山氏、あるいは黒川氏の同心である土沢氏にかぎられている。そして遺存状況がよくないため提示していないが、黒川氏の下館館跡と黒川城跡（20）もその関係にある。したがってこの形態は、ある一定の身分で許される（あるいは必要とされる）在り方であったといえよう。

個々の居館についてみれば、丑の沢館跡（31）が単郭に近い形態であるほかは、求心性の強い複郭形態をとる。それらは、基本的に土塁と堀を有しており、土塁をほとんどもたない山城と対照的である。なお、先に述べたように平場の居館とした江上館跡（4）および古舘館跡（33）でも、発掘調査の結果、複郭であることが判明している。

3　各城の位置づけ

ここでは、荘境と郡境がかならずしも一致するものではないということから話をはじめたい。私は不勉強にしてほかの例を知らないが、当地奥山荘北条に含まれる関郷の村々は、中世末の国絵図では瀬波（岩船）郡内となっているのである。この間に生じた変化は、河村氏の没落であって、郡境の変更ではないであろう。上記の国絵図の段階では、荒川保の村々は黒川氏や色部氏などの知行となっているが、そのときにいたっても地域名称として荒川保内と意識されていた。なぜこのようなことにこだわるのかといえば、城の配置をみて、境目の城というためには、何の境目かということをはっきりさせておかねばならないからである。一般的には、城は在地の勢力によって築かれているといえようが、より上位の勢力によって築かれたものがないとはいえない。それをしるためには、彼我の違いを城の構造および立地によって摘出する作業が必要であろう。

そこで今一度、図70に戻っていただきたい。円山城（21）・蔵王城（22）・吉ヶ沢城（25）根小屋城（27）・鍬江館（28）は、青山宏夫が復原した荒川保と奥山荘の境界線にほぼのってくる。これは偶然ではあるまい。これら境目の城には、黒川氏の主張が込められているといえよう。すなわち防御ラインであり、固有の領土を明示（誇示）するモニュメントでもあったであろう。同様に奥山荘と加地荘の境界の城としては、東から坂井城（8）・高つむり城（12）・大峰山・願文山城・高館・蝸牛山城のラインを想定する。

さて、これまでの記述で、根小屋式城郭および境目の城を一応摘出した。では、残りの城館はどのように位置づけるべきであろうか。これらについては、村落に対応して築かれるケースが多いようであり、より上位の城館は存在しないようである。それでは、これは村人が築いた城なのであろうか。項をあらためてみていこう。

4　村の城論によせて

村と城の在り方

小規模城郭、一つの村に一つの城（村の城）、これらは集落に対応するものとして横山勝栄が注目し、文献側より藤木久がその存在を指摘した。しかし、私は素朴な疑問を拭いきれない。ちっぽけでも少しの防御施設をもった城であれば、村人は助かったのであろうか。籠城はできるのであろうか。また村人は、それほど少なかったのであろうか等々。

結論を先にいってしまえば、私はその多くは国人領主の家中を形成する立場にある人びとが、自分の根拠地に築いたものではないかと思っている。ただ、それが軍事施設であるかどうかは、別問題であるが。彼らは、もともと村の有力者であったろうし、非常時には村人が逃げ込むことが想定されていたのかもしれない。ここで思い起こされるのは、伊藤正義が説いた佐渡の村殿領主の世界である。彼らは村人と深く交わり、その紐帯は非常に強いものである。彼らについて語るとき、領主権力という言葉はそぐわない。わしらが殿、村の殿である。

おそらく横山や藤木が説くところの城の性格と筆者のいう城は、使われ方においてそれほどの違いはないのであろう。それを判断するのは、現時点での山城遺構の構造論からはむずかしいのでないかと思われる。虎口形態や石垣・竪堀群の有無等で区別されるのは、より大きな権力体であろう。すなわち村ごとの城と、国人領主クラスの城を判別することは可能であっても、いわゆる小規模城郭の性格は、遺構論からは判断し難いのではなかろうか。村人が城をみて、村殿の城で自分たちはいざというときに逃げ込めると考えているのと、自分たちがつくった自分たちの城というのでは、意識の点においてかなり異なっているといえよう。

すこし観点を変えよう。村に殿がいるとすれば、村人は勝手に自分たちの城をつくることができるだろうか。答えは、おそらく否であろう。すなわち村殿が自分の村を離れ、残された村人が自分たちの意志で城を維持する主体となったとき、それは村の城といってよいであろう。

さて、越後の中世において、そのような時期があったであろうか。国ごとにおかれた守護は、家臣団を自分の膝下に集住させることによって、家臣統制ひいては領国支配を実現させようと図った。私は、それを守護領国制から戦国大名領国制への動向と理解している。この動きは、封建制にともなう必然であるともいえよう。そのミニチュア版が国人領主層にまで及び、それが実現をみた後に、はじめて村の城は成立することができると考える。

それでは、その時期はあるのか。城の構造変化が明確となっていない現在では不明というほかはないが、越後の場合、色部氏年中行事や黒川氏における家中の出現から十六世紀前半頃、そして城下への家臣の集住は、もし認められたとしても越後の一応の統一がなされた謙信の段階（十六世紀第三四半期）以降、あるいはもっと下り、景勝が豊臣の配下に入った天正後半段階以降となるのかもしれない。それを当地方で典型的に表している遺構としては、色部氏の居館平林城があげられよう。このようにみてくれば、揚北地方において純粋な意味での村の城は、ほとんど成立しえなかったといえるのではないだろうか。

さらに城の分布をみてみよう。これは黒川氏関連の城館に顕著であるが、基本的に一・五キロほどの間隔で位置していることがみてとれる。それに比して、中条氏ではそれほど顕著ではない。この現象は何を意味しているのであろうか。それは、文献において明らかなように、両者の家臣団構成の相違を反映しているのではないかと思われる。両者とも中条氏・黒川氏を頂点とする家中の構成をとるが、黒川氏の家臣団が比較的均質的な関係にあると思われるのに対し、中条氏では、築地氏・羽黒氏（応永以後没落）・金山氏といった庶子家の勢力がほかの家臣に比して相対的に強く、それが城の分布にも影響しているのではなかろうか。とくにナンバー2である築地氏の本拠が海岸砂丘内側にあるという事情も関係するかと思われるが、中条氏の本拠地である鳥坂城一帯の要塞化、金山氏の願文山城一帯の要塞化といった現象を生み出し、そのほかとの格差が生じている。対して黒川氏の場合、逆に一極化が妨げられた結果、各城にみられるような相対的な自立現象が認められるといえるのではないだろうか。

城はなぜつくられたか

山の尾根を進む。堀切にぶつかる。さっと緊張がみなぎる。いよいよこの城を攻略するのだ。あるとき思った。堀切は、なぜ尾根を切断しているのかと。これが防御に由来していることは、容易に想像がつく。しかし本当に攻防の対象となった城は、それほど多くはないであろう。なぜにこんなに多くの城が必要とされたのか。村人の避難所か。聖地か。村殿領主の城なのか。そもそも城とは、戦国期世紀の人びとにとってどのような存在であったのか。

堀切は、ここからが城であるという標識であり、それが第一義的な目的であったのではないかと思い始めている。換言すれば、防御機能よりも「区切る」「みせる」という象徴的な意味合いが強いのではないか。多くの城は、見晴らしのよい場所を選んで築かれている。これは、とりもなおさず平地からもよくみえるということである。大きな堀切や二重三重の堀切は、私はこんなに大きな堀や、このように複雑な堀切をつくれるんですよ、といいたげではないか。それは、一種の流行ではないかとさえ疑ってしまう。余裕のある者は、だれもかれもが争って城をつくり、その城を誇る。それはおらが城であり、外から犯され難き聖域であるといった、きわめてシンボリックなものではなかったのか。ならばこそ、村単位とさえいえそうな城の多さも説明できるのではないだろうか。

X　境界領域としての越後

これまでみてきたように、京畿を経ない日本海独自の流通が存在することが明らかになったと思う。とはいえ、京の影響がまったくないということはありえず、その影響の強弱が時期によって異なっていたということとなろう。

古墳造営期を経て律令制にいたる地域性の喪失以降、日本海域の地域性がふたたび発現しはじめる中国製白磁器の流入後、徐々に京の影響が弱まり、十五世紀後半の土器皿・十五世紀代の石佛は、越後までしか北上せず、十六世紀を中心とする畿内型板碑についてはほぼ能登半島までにしか及ばない。一貫して土器を大量に消費しつづけた地域と、それを止めてしまった地域と。それは十六世紀代に入ると越後で土器量が減少することと符号する。

「余目氏旧記」に平泉の勢力範囲が越後米山の北を流れる「鵜川」までという記述があることが注目されており、かつて中野豈任が指摘したように「米山より奥」は、畿内からみれば異境であるという認識が中世には存在していた。古くは縄紋時代の阿賀北は東北南部の文化圏であるし、弥生時代にも東北系と北陸系が交差し、北海道の続縄紋でさえ米山より奥には出土する。珠洲にしても、珠洲系諸窯は阿賀北以北にしか存在しないのである。したがって米山から阿賀北にかけての地域は、北陸と東北とのマージナルな空間領域であったということができよう。そういえば、説経節「さんせう太夫」では、母と姉弟が人買の山岡太夫の謀によって、一方は東の果て蝦夷が島へ、一方は東と西の境丹後へ売られるが、その舞台もまた米山を越えた境界に開かれた直江津であった。

しかるに、貿易陶磁器・瀬戸美濃・瓦器などは、越後を越えて北へと運ばれている。したがって、日常生活用品や喫茶道具に関しては、儀礼用品や畿内型石造信仰遺物と異なり、日本海を下っていったことになる。

儀礼用品たる土器皿に対しては、方形居館体制にともなう遺物であることから説明できよう。畿内からの石造信仰遺物については、民衆の信仰形態が異なっていたのであろうか。あるいは、出羽三山の強い影響により、北上できなかったのであろうか。

このように、中世日本海世界における越後の位置は、西と東（北方世界）との境でもあり、その具体像の解明が豊かな日本史像へと連なっていくものと思われる。

そして、ここ奥山荘は、この境界領域を研究するのにまたとないフィールドであり、これからも地域からの視点で日本中世の歴史を追っていきたいと思う。

奥山荘歴史館

〒959-2659新潟県胎内市あかね町107-10　JR 中条駅から徒歩10分
休館日：月曜・12月25日～３月31日　電話0254（44）7737

黒川郷土文化伝習館

〒959-2806新潟県胎内市下赤谷387-15　道の駅胎内そば
休館日：月曜・12月～３月　電話0254（47）3000

胎内市教育委員会生涯学習課文化・文化財係

〒959-2693新潟県胎内市新和町2-10
文化財一般の問合せ先　電話0254（43）6111

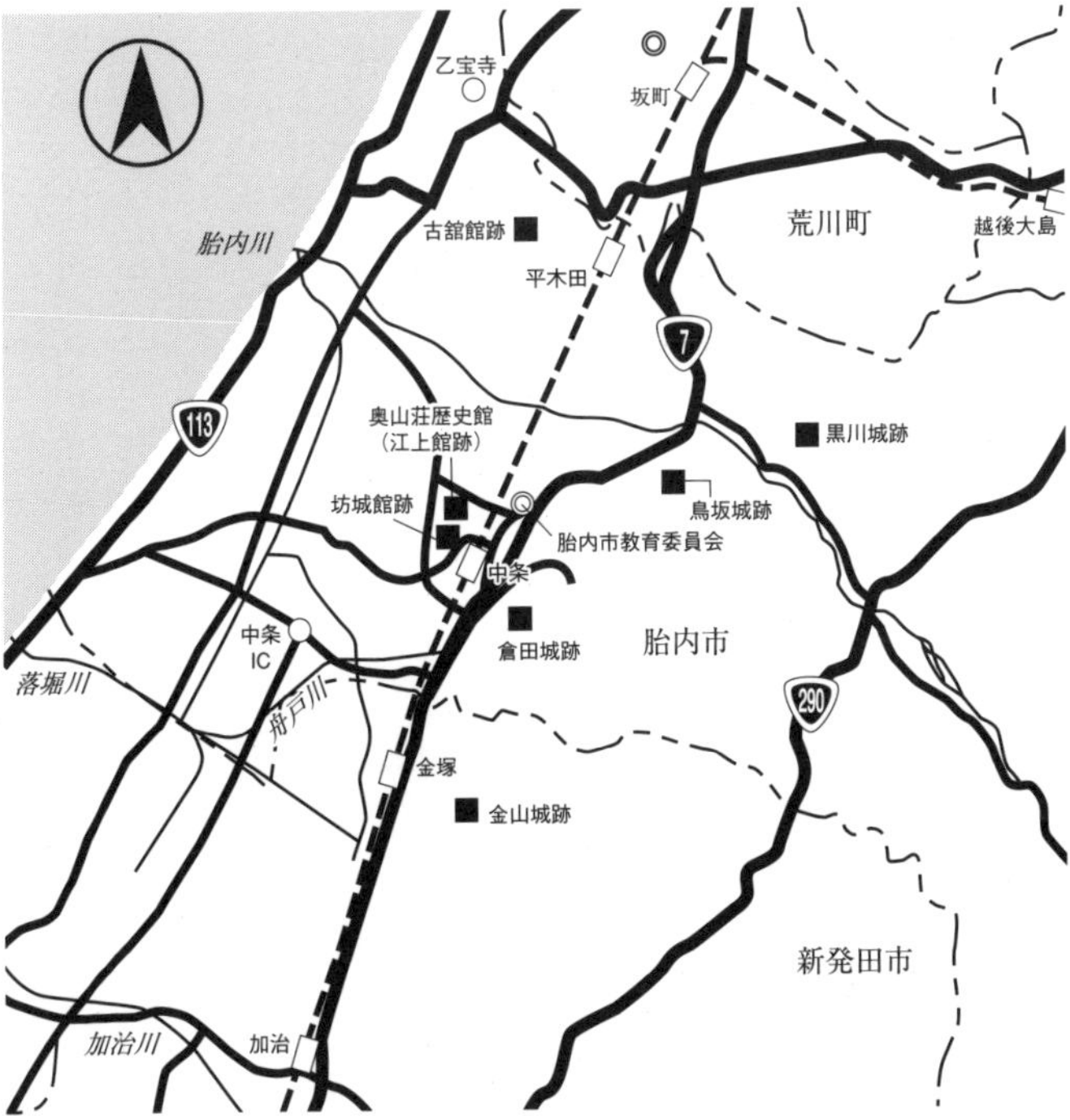

参考文献

青山宏夫　一九九四「荒川保と奥山荘の境界について」『人文地理』第46巻第3号
青山宏夫　一九九九「絵図が語る奥山荘の景観」『中世の越後と佐渡』高志書院
青山宏夫　二〇〇四「庄園の境界と紛争」『中条町史　通史編』中条町
伊東　崇　二〇〇〇「黒川村の板碑群」『新潟考古学談話会会報』第22号
井上鋭夫　一九六五『奥山庄史料集』新潟県文化財調査報告10（編著）
井上鋭夫　一九八一『山の民・川の民―日本中世の生活と信仰―』平凡社選書69
入間田宣夫　一九九八「地域から中世を読む～越後白河幕府の可能性をめぐって」（講演録）『地理歴史・公民研究』第36集　新潟県高等学校教育研究会
大石直正　一九八六「奥羽の荘園と前九年・後三年合戦」『東北学院大学論集　歴史学・地理学』第十七号
大場雅之　二〇〇二「出羽南部の城館」『中世出羽の領主と城館』高志書院
大庭康時　一九九九「集散地遺跡としての博多」『日本史研究』448
小野田政雄　一九九二「中世の石造遺物」『中条町史　資料編第五巻』民俗・文化財
小野正敏　二〇〇三「威信財としての貿易陶磁と場」『戦国時代の考古学』古志書院
川端　新　二〇〇二『荘園制成立史の研究』思文閣出版
菅野崇之　二〇〇二「陸奥南部の方形館」『鎌倉・室町時代の奥州』高志書院
桑原正史　一九八〇「城氏の支配」『新発田市史上巻』
黒田日出男　一九八九「荘園絵図の史料学―越後国奥山荘波月条近傍絵図を例にして―」『講座日本荘園史』一　吉川弘文館
小島道裕　二〇〇三「江馬氏館と江馬氏―室町期の国人領主と館―」『国立歴史民俗博物館研究報告』第一〇四集

齋藤慎一　一九八九　「中世後期の本拠と国人領主」『中世城郭研究』第3号
斉藤利男　一九九八　「軍事貴族・武家と辺境社会」『日本史研究』427号
坂井秀弥　一九九三　「古代越後の環境・生産力・特性」『新潟考古学談話会会報』第12号
榊原滋高　二〇〇二　「中世港湾都市十三湊遺跡の発掘調査」『北の環日本海世界』山川出版社
桜井甚一　一九五八　『能登と加賀の板碑文化』石川県図書館協会
佐藤博信　二〇〇六　『越後中世史の世界』岩田書院
下仲隆浩　二〇〇三　「福井県小浜市における中近世石造物の様相」『日引』第4号　石造物研究会
鋤柄俊夫　二〇〇二　「都鄙のあいなか」『国立歴史民俗博物館研究報告』第92集
鈴木康之　一九九五　「草戸千軒町遺跡における貿易陶磁の変遷―特に廃棄量の変化をめぐって」『青山考古』第12号
関　幸彦　一九九九　『武士の誕生―坂東の兵どもの夢』ＮＨＫブックス〔868〕日本放送出版協会
高桑弘美　二〇〇三　「瓦質土器」『中世奥羽の土器・陶磁器』高志書院
竹内理三　一九七三　『日本の歴史6』武士の登場　中公文庫
高橋一樹　二〇〇四　『中世荘園制と鎌倉幕府』塙書房
田村　裕　一九八八　「奥山荘波月条絵図の作成背景をめぐって」『日本史研究』310
田村　裕　一九九〇　「南北朝期の奥山荘金山郷―三浦和田茂実との関連を中心にして―」『北日本中世史の研究』吉川弘文館
田村　裕　一九九九　「越後における南北朝の動乱」『中世の越後と佐渡』高志書院
田村　裕・樋口純子　一九九〇　「鎌倉・南北朝期の奥山荘北条をめぐる女性たち（上）―中世武士団三浦和田氏像の再検討―」『越佐研究』第47集
田村　裕・矢田俊文　二〇〇三　「中世史料」『笹神村史　資料編一』原始・古代・中世
鶴巻康志　二〇〇四　「土師器からみた中世の小地域圏―新潟県北部阿賀北地方を中心に」『中・近世土器の基礎研

究』ⅩⅧ
中井　均　一九九九「居館と詰城―発掘成果から見た山城の成立過程―」『帝京大学山梨文化財研究所研究報告』第9集
中野豈任　一九八八「奥山荘鼓岡の経塚とその背景」『忘れられた霊場』平凡社選書123（初出一九八〇年）
野口　実　一九七八「平維茂と平維良」『史友』第一〇号　青山学院大学史学会　東京
羽下徳彦　一九六六『惣領制』至文堂
服部英雄　一九八〇「奥山庄波月条絵図とその周辺」『信濃』第三二巻第五号
橋口定志　一九八七「中世居館の再検討」『東京考古』5
長谷川伸　一九九五「南奥羽地域における守護・国人の同盟関係―越後上杉氏と伊達氏の場合」『地方史研究』254
平田耿二　二〇〇〇『消された政治家　菅原道真』文春新書115
藤木久志　一九五七「国人領主制の成立過程―越後国三浦和田氏の惣領制―」『文化』21―3、後同著一九七四『戦国社会史論―日本中世国家の解体―』東京大学出版に再録
藤木久志　一九六八「中世後期における三浦和田氏について」『新潟史学』創刊号
降矢哲男　二〇〇二「平泉出土の貿易陶磁―柳之御所跡出土の韓半島産陶磁器から見える流通経路―」『平泉文化研究年報』第2号　岩手県教育委員会
北陸中世考古学研究会　二〇〇〇『中世北陸の石塔・石仏』第13回資料集
前川　要　一九九五「当該期の平地方形館の位置付けと「方形館体制論」の提唱」『江馬氏城館跡―下館跡発掘調査報告書Ⅰ』神岡町教育委員会・富山大学人文学部考古学研究室
松井　茂　一九九二「越後の城氏と小泉荘」『国際研究論集』第5―2号　八千代国際大学紀要
馬淵和雄　一九九八『鎌倉大仏の中世史』新人物往来社
丸山浄子・田村裕　一九八五「『蓮妙之非人所』考―越後国奥山荘・荒川保研究の（一）」『新潟大学教育学部紀要』

第26―2号
水澤幸一　一九九四「越佐の板碑」『中世北陸の寺院と墓地』第7回北陸中世土器研究会資料集
水澤幸一　一九九七「揚北の紀年銘板碑」『新潟史学』第39号
水澤幸一　一九九九a「越後国奥山荘の考古学的研究の現状と課題―地域史研究の実践から―」『立正史学』第85号
水澤幸一　一九九九b「瓦器、その城館的なるもの―北東日本の事例から―」『帝京大学山梨文化財研究所研究報告』第9集
水澤幸一　二〇〇〇a「中世貿易陶磁の物量比較にみる地域性（予察）―越後国奥山荘政所条遺跡群の位置付けのための基礎作業―」『新潟考古学談話会会報』第21号
水澤幸一　二〇〇〇b「謙信と春日山城」『定本上杉謙信』高志書院
水澤幸一　二〇〇〇c「越後国奥山荘政所条の都市形成」『中世都市研究7』新人物往来社
水澤幸一　二〇〇〇d「貿易陶磁の国際情勢」『貿易陶磁研究』20
水澤幸一　二〇〇〇e「越後戦国期城郭の中の春日山城」『川中島合戦再考』新人物往来社
水澤幸一　二〇〇一a「越後戦国期の遺物問題」『新潟考古』第12号
水澤幸一　二〇〇一b「15世紀中葉～後半における北東日本海沿岸地域へのやきものの搬入時期―越後江上館を中心として―」『中世土器論文集』
水澤幸一　二〇〇一c「伝至徳寺跡出土の威信財―瓦器と漆器―」『上越市史研究』第7号
水澤幸一　二〇〇二a「北陸における中世後半期の井戸―水溜・石組側・桶―」『地域考古学の研究』村田文夫先生還暦記念論文集
水澤幸一　二〇〇二b「阿賀北の中世石佛」『新潟考古』第13号
水澤幸一　二〇〇四「至徳寺遺跡の中世後期土器（補遺）」『上越市史研究』第9号
水澤幸一　二〇〇五「越後の中世土器」『新潟考古』第16号

水澤幸一・鶴巻康志　二〇〇三「至徳寺遺跡」『上越市史叢書8　考古中・近世資料』
八重樫忠郎　一九九七「輸入陶磁器からみた平泉—分布傾向からの考察—」『貿易陶磁器研究』第17号
矢田俊文　一九九九ａ「戦国期越後の守護と守護代—上杉房定と長尾為景」『中世の越後と佐渡』高志書院
矢田俊文　一九九九ｂ「中世水運と物資流通システム」『日本史研究』448
山川　均　一九九九「居館の出現とその意義」『帝京大学山梨文化財研究所研究報告』第9集
吉岡康暢　一九七七「地方窯の展開—能登・珠洲窯の場合—」『地方史と考古学』、後「珠洲窯の成立・展開と生産形態」と改題し『日本海域の土器・陶磁［中世編］』六興出版一九八九に収録
吉岡康暢　一九九七「新しい交易体系の成立」『考古学による日本歴史9　交易と交通』
四柳嘉章　二〇〇六『ものと人間の文化史　漆』Ⅰ・Ⅱ　法政大学出版局

〈調査報告書等〉

黒川村教育委員会　二〇〇一・二〇〇四『黒川西館跡』『黒川西館跡Ⅱ・Ⅲ　ほか』村埋文報告第3・10集
胎内市教育委員会　二〇〇六『市内遺跡Ⅰ』市埋蔵文化財調査報告第1集
中条町　一九八二『中条町史　資料編第一巻　考古・古代・中世』
中条町　二〇〇四『中条町史　通史編』
中条町教育委員会　一九九三〜一九九七『江上館跡Ⅰ〜Ⅴ』町埋蔵文化財調査報告第2・6・8・10・13集
中条町教育委員会　一九九七・一九九九〜二〇〇一・二〇〇五『下町・坊城遺跡Ⅱ〜Ⅵ』町埋蔵文化財調査報告第12・18・20・21・33集
中条町教育委員会　二〇〇五『町内遺跡Ⅵ』町埋蔵文化財調査報告第34集
新潟県　一九八七『新潟県史通史編2　中世』
新潟県教育委員会　二〇〇六『大坪遺跡』県埋蔵文化財調査報告書第153集
安田町教育委員会　一九七九『横峰経塚群』文化財調査報告（4）

おわりに――奥山荘の今後

江上館跡の史跡公園が開園して以来、県内外からより多くの見学者の方々に訪れていただけるようになり、ひとまずご案内できる場所ができたことで、少しは責を果たせたかと思っている。それを励みにして、今後も胎内市の誇りである多くの地域文化財・史跡を順次整備していくつもりである。たくさんの人びとがきてよかったと思える史跡整備をめざすこと、ひいてはそれがまちづくりにつながっていくことを信じて。

また、まだまだ指定から漏れている多くの遺跡があり、これらもあわせて指定に努め、少しでも多くの先人の息吹を後世へと伝えていきたいと思う。

なお、本書には、これまで書いてきたいくつかの拙文を下敷きとしている部分がある。ここでは、それらを以下にあげ、欠を補いたいと思う。

Ⅱ　「潟街道の遺跡群」『古代の越後と佐渡』高志書院、二〇〇五

Ⅳ―1～4　「越後城家にみる「兵」の家系とその展開」『おくやまのしょう』第26号、二〇〇一

Ⅳ―5・Ⅶ―5・Ⅷ―3～5・Ⅹ　「中世日本海域物流からみた地域性・境界性」『日本海域歴史大系』第三巻中世篇、清文堂、二〇〇五

Ⅴ・Ⅶ―6・Ⅷ―1　「城館と荘園・奥山荘の景観」『戦国時代の考古学』高志書院、二〇〇三

Ⅵ 「奥山荘政所条遺跡群の展開」『中世の城館と集散地』高志書院、二〇〇五

Ⅶ—1・2・4 「越後国奥山荘における板碑の存在形態」『中世奥羽と板碑の世界』高志書院、二〇〇一

Ⅸ 「越後国奥山荘の城館」(上)(下)『新潟考古』第7・8号、一九九六・一九九七

さて、内容に偏りがあるのを承知の上で、本書をご覧いただいた皆さんが、少しでも奥山荘へいってみたいと思っていただけたなら、本望です。

最後になりますが、私が奥山荘へきてから、早一五年が過ぎました。私のわがままを許してくれた故郷の両親そして家族、多くの貴重な意見をいただいた恩師、諸先輩方、暖かく見守ってくれた職場の方方、それらの多くの人びとのお陰でなんとかここまでやってこられました。いくら感謝してもたりないぐらいです。ともすれば、突っ走ってしまう私を今後とも末永くご指導いただければさいわいです。

なお、末筆ではありますが、写真の多くを胎内市教育委員会、阿賀野市教育委員会、新発田市立図書館、乙宝寺から提供を受けました。本文中の敬称を略させていただいたこととあわせ、記してお断りと御礼を申し上げます。

菊池徹夫
坂井秀弥　企画・監修「日本の遺跡」

15　奥山荘城館遺跡《おくやまのしょうじょうかんいせき》

■著者略歴■

水澤　幸一（みずさわ・こういち）

1967 年、滋賀県生まれ
立正大学大学院文学研究科史学（考古学）専攻修了
現在、胎内市教育委員会生涯学習課主任
主要論文等
　『中世の城館と集散地』（編著、矢田・竹内と共編）高志書院、2005 年
　「越後戦国期城郭の中の春日山城」『川中島合戦再考』新人物往来社、2000 年
　「15 世紀前葉から中葉の貿易陶磁器様相」『貿易陶磁研究』No. 24、2004 年
　「密教法具考」『考古学の諸相Ⅱ』坂詰秀一先生古希記念論文集、2006 年

2006年10月 5 日発行

著　者　水《みず》澤《さわ》　幸《こう》一《いち》
発行者　山　脇　洋　亮
印刷者　亜細亜印刷㈱

発行所　東京都千代田区飯田橋 4-4-8　東京中央ビル内　**(株)同成社**
TEL 03-3239-1467　振替 00140-0-20618

ISBN4-88621-370-7 C3321

シリーズ

日本の遺跡

菊池徹夫・坂井秀弥　企画・監修

四六判・定価各一八九〇円

【既刊】

①西都原古墳群　南九州屈指の大古墳群　北郷泰道

②吉野ヶ里遺跡　復元された弥生大集落　七田忠昭

③虎塚古墳　関東の彩色壁画古墳　鴨志田篤二

④六郷山と田染荘遺跡　九州国東の寺院と荘園遺跡　櫻井成昭

⑤瀬戸窯跡群　歴史を刻む日本の代表的窯跡群　藤澤良祐

⑥宇治遺跡群　藤原氏が残した平安王朝遺跡　杉本　宏

⑦今城塚と三島古墳群　摂津・淀川北岸の真の継体陵　森田克行

⑧加茂遺跡　大型建物をもつ畿内の弥生大集落　岡野慶隆

⑨伊勢斎宮跡　今に蘇る斎王の宮殿　泉　雄二

⑩白河郡衙遺跡群　古代東国行政の一大中心地　鈴木　功

⑪山陽道駅家跡　西日本の古代社会を支えた道と駅　岸本道昭

⑫秋田城跡　最北の古代城柵　伊藤武士

⑬常呂遺跡群　先史オホーツク沿岸の大遺跡群　武田　修

⑭両宮山古墳　二重濠をもつ吉備の首長墓　宇垣匡雅

⑮奥山荘城館遺跡　中世越後の荘園と館群　水澤幸一

【続刊】

妻木晩田遺跡　蘇る山陰弥生集落の大景観　高田健一